CONTENTS

CHAPTER 1 元気にあいさつ編

CHAPTER

2 仕事でがんばる編

CHAPTER

3 おうちでぐーたら編

CHAPTER

4 友だちとほのぼの編

CHAPTER

5 わくわくお出かけ編

この本の使い方

わかるのイラストとネイティブの解説で楽しみながら英語が身につく

さまざまなシチュエーションで使えるフレーズやワードを
見開きごとにテーマを変えて紹介。
中学レベルの英語を中心に、わかりやすい内容で構成しています。
もちろん、どこから読んでもOK！

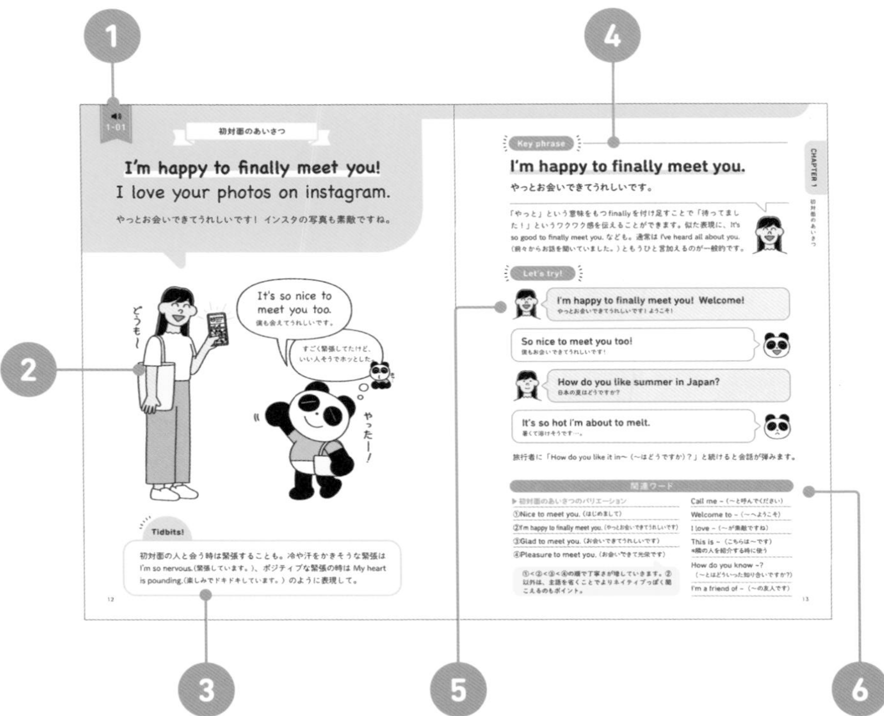

1
2
3
4
5
6
初対面のあいさつ
I'm happy to finally meet you!
I love your photos on instagram.
やっとお会いできてうれしいです！ インスタの写真も素敵ですね。
It's so nice to meet you too.
僕も会えてうれしいです。
どうも〜
やったー！
Tidbits!
初対面の人と会う時は緊張することも。冷や汗をかきそうな緊張はI'm so nervous.(緊張しています。)、ポジティブな緊張の時は My heart is pounding.(楽しみでドキドキしています。)のように表現して。
Key phrase
I'm happy to finally meet you.
やっとお会いできてうれしいです。
Let's try!
I'm happy to finally meet you! Welcome!
So nice to meet you too!
How do you like summer in Japan?
It's so hot I'm about to melt.
関連ワード
CHAPTER 1

1 音源へのアクセスでリスニング学習も

音声ファイルはナツメ社のウェブサイト（https://www.natsume.co.jp）の「笑えるのになんだか身につく　ゆかいな英会話」のページよりダウンロードできます。ファイルを開く際には以下のパスワードをご入力ください。

パスワード：Ad3kCJ5X

ダウンロードした音声は、パソコンやスマホのMP3対応のオーディオプレーヤーで再生できます。

※ダウンロードした音声データは本書の学習用途のみにご利用いただけます。データそのものを無断で複製、改変、頒布（インターネット等を通じた提供を含む）、販売、貸与、商用利用はできません。
※ダウンロードした音声データの使用により発生したいかなる損害についても、著者及び株式会社ナツメ社、ナツメ出版企画株式会社は一切の責任を負いかねますのでご了承ください。

2 わかるの楽しいイラストでフレーズ紹介

わかるの描き下ろしによる、かわいいキャラクターたちが登場。時にはコミカルに、時にはシュールに（？）、さまざまなシチュエーションでの会話を楽しく紹介。

3 英語や欧米文化の豆知識が身につく「Tidbits!」

ここでは登場フレーズにまつわる表現や欧米での文化風習をご紹介。英語をさまざまな角度から知ることでさらに知識を深めましょう！

4 キーフレーズをわかりやすく解説

左のイラストページで登場する英会話のキーフレーズをここで確認しましょう。フレーズが表すニュアンスの解説や、どんなシチュエーションで使えるかといったアドバイスも盛りだくさんです。

5 応用編に挑戦！

キーフレーズを使った会話例で応用力をアップ。ネイティブが使う表現も多くご紹介しているので実践に役立ちます。

6 関連表現を学んでさらに英語力アップ

それぞれのページで登場したシチュエーションにまつわる単語や熟語をさらにご紹介。関連づけて学べるので英語力もさらにアップします。

興味のある
ページから読み始めても
OKだよ！

主な登場キャラクター

ぱんだ

カフェで働く元気な楽天家。隙あらば仕事を休もうとする。自由すぎるがゆえに周りの仲間を困惑させることも。

こあら

ぱんだとともにカフェで働くしっかり者。三度の飯より筋トレが好き。主食はユーカリの葉ではなくプロテイン。

みき

ぱんだの親友。がんばり屋さんで何事にも一生懸命。残業が絶えないのが最近の悩み。

きりん店長

ぱんだが働くカフェの店長。スタッフの長所を見出すのが得意。自身が考案したパフェの売れ行きが悪く終売の危機。

上司

みきが働く会社の直属の上司。面倒見が良く、アドバイスも的確。何よりも定時退社が好き。

同僚

みきと同じ会社で働く仲間。姉御肌でみきのお悩み相談をいつも聞いてあげている。

さかな

ぱんだの家のアクアリウムの水槽で暮らす。ぱんだを見守る人情家。他の魚とは群れない主義。

CHAPTER

1

元気にあいさつ編

1-01

初対面のあいさつ

I'm happy to finally meet you! I love your photos on instagram.

やっとお会いできてうれしいです！ インスタの写真も素敵ですね。

どうも～
It's so nice to meet you too.
僕も会えてうれしいです。
すごく緊張してたけど、いい人そうでホッとした。
ホッ…
やったー！

Tidbits!

初対面の人と会う時は緊張することも。冷や汗をかきそうな緊張はI'm so nervous.（緊張しています。）、ポジティブな緊張の時は My heart is pounding.（楽しみでドキドキしています。）のように表現して。

Key phrase

I'm happy to finally meet you.

やっとお会いできてうれしいです。

「やっと」という意味をもつfinallyを付け足すことで「待ってました！」というワクワク感を伝えることができます。似た表現に、It's so good to finally meet you. なども。通常は I've heard all about you.（前々からお話を聞いていました。）ともうひと言加えるのが一般的です。

Let's try!

I'm happy to finally meet you! Welcome!
やっとお会いできてうれしいです！ようこそ！

So nice to meet you too!
僕もお会いできてうれしいです！

How do you like summer in Japan?
日本の夏はどうですか？

It's so hot I'm about to melt.
暑くて溶けそうです…。

旅行者に「How do you like it in～（～はどうですか）？」と続けると会話が弾みます。

関連ワード

▶ 初対面のあいさつのバリエーション

①Nice to meet you.（はじめまして）

②I'm happy to finally meet you.（やっとお会いできてうれしいです）

③Glad to meet you.（お会いできてうれしいです）

④Pleasure to meet you.（お会いできて光栄です）

①<②<③<④の順で丁寧さが増していきます。②以外は、主語を省くことでよりネイティブっぽく聞こえるのもポイント。

Call me ~（～と呼んでください）

Welcome to ~（～へようこそ）

I love ~（～が素敵ですね）

This is ~（こちらは～です）
＊隣の人を紹介する時に使う

How do you know ~?
（～とはどういった知り合いですか?）

I'm a friend of ~（～の友人です）

1-02

2回目以降のあいさつ

Nice to see you again. Did you get a new hair cut?

また会えてうれしいよ。髪形変えた?

いいじゃん
Yeah, what do you think?
そうなんだ。どうかな?

Tidbits!

英語圏では、相手の髪型やメイク、服装などを褒める会話がよく交わされるよ。ただし、You're so skinny!(すごく細いね!)など、体型そのものを指す言葉は褒める意図であっても避けておこう。

Key phrase

Nice to see you again.

また会えてうれしいよ。

Nice to see you again.と言われたら、Good to see you too.などを使って、同じようにうれしい気持ちを伝えましょう。Me too.(私も。)も使ってしまいそうですが、あいさつのシーンでは You too.(私も。)が正解。これは、Nice to see you again too.の短縮形だからです。

Nice to see you again!
また会えてうれしいよ!

Same here!
僕も(同じく)!

I like your outfit.
今日のコーディネート素敵だね。

Thank you. Black and white are my favorite colors.
ありがとう。黒色と白色が好きなんだ。

Same here. と同じように使える短めの返事には Likewise. もあります。

関連ワード

▶ 相手を褒める時には I like your ~ を使ってみよう

例 I like your outfit. (素敵なコーディネートだね)

例 I like your new haircut. (新しい髪型いいね)

例 I like your makeup today. (今日のメイク素敵だよ)

coordinate は動詞なので、日本語の「コーディネート」のようには使いません。

▶ 褒められたらこう返してみよう

Thank you. (ありがとう) *丁寧	Thanks. (ありがとう) *少し崩した言い方
Do you like it? (気に入った?)	I love it too. (私も気に入っています)

1-03

近況をたずねる

How have you been?

元気にしてた?

Same old same old.
相変わらずだよ。
I see. Do you want to try out the new restaurant?
なるほどね。新しいレストランに行ってみる?

Tidbits!

近況をたずねられた時、日本語らしいニュアンスで返したいこともあるよね。そんな時には Not bad, not bad…(ぼちぼちだよ) や、I'm hanging in there.(なんとかやってるよ。) などが便利だよ。

Key phrase

How have you been?

元気にしてた?

How have you been? に対しては無数の返事のパターンがあり、絶好調の時は Never been better.(これ以上最高なことはない。)、I'm on cloud 9.(すごく幸せ。)と大げさに返事をすると会話がより盛り上がりますよ。元気がない時は Not too good.と返してみましょう。

How have you been? You look happy.
元気にしてた? うれしそうだね。

I'm on cloud 9!
すごく幸せだよ!

Wow, what's going on?
わぁ、何かあったの?

I just met my favorite artist last weekend!
先週末に好きなアーティストに会ったんだ!

I'm good 以外で答えると高確率で「どうして?」と聞かれるので、説明の準備を。

関連ワード

▶ 今の気分やコンディションを I'm ~ と組み合わせて表現してみよう

on cloud 9 (すごく幸せ)

9の読みは nine 。もっとも高い雲を指す気象用語に由来しています。

amazing (すごくいい)

pretty good (結構いい)　not bad (悪くない)

so so (まぁまぁ)

terrible (最悪)

exhausted (クタクタに疲れている)

under the weather (体調が悪い)

barely surviving (ギリギリ生きている)

1-04

別れ際のあいさつ

See you in 30minutes. I'm just going to buy the limited edition T-shirt!

また 30 分後にね。限定の T シャツ買ってくる!

GEN TEI
Let's meet up at the cafe in a bit! I hope you get it!
またすぐカフェで待ち合わせね!
買えるといいね!

Tidbits!

限定アイテムはいつだって魅力的だよね。limited edition sneakers (限定版スニーカー) や seasonal strawberry cake(季節限定のいちごケーキ) なんて、見かけたらついつい買ってしまうかも!

Key phrase

See you ～.

また～。

See you はその後に in、at、onのいずれかの前置詞をつけることでアレンジできる万能フレーズ。「～分後に」など時間を入れる時はinを、曜日の前には on を。場所は、室内や区切られた空間は in 、大きな場所や地域には at をそれぞれ前につけましょう。

Let's try!

Would you like to watch a kung fu movie today?
今日カンフー映画を観に行かない?

Sounds good! Do you want to meet up at 2pm?
いいね！14時に待ち合わせるのはどう?

Perfect. See you at 2pm.
ちょうどいい。また14時に。

See you at the movie theater.
また映画館でね。

英語では24時間表記ではなく午前はam、午後はpmで12時間時計を使い分けます。

関連ワード

▶ in、at、on を使い分けてみよう

See you in three hours.（また3時間後にね）

See you at the movies.（また映画館で）

See you on Wednesday.（また水曜日に）

tomorrow、next week、later のように in、at、on を付けずに使われる単語もあります。

▶ こんな単語やフレーズも覚えておこう

in a bit（少し後で）

in a few minutes（数分後に）

meet up（待ち合わせる）

limited time（期間限定）

exclusive（〈エリア・店舗〉限定）

1-05

世間話をする

What's new?

最近、何かあった？

I recently started an aquarium at home.
最近、家でアクアリウムを始めたんだ。
Wow, that's cool! I want to see it. What kind of fish do you have?
えーすごい！見てみたい！
どんな魚がいるの？
ふふふ…

Tidbits!

「世間話」は英語で small talk。天気や家族のこと、自分が今何をしているかなどを話題にすることが多いよ。ちなみに選挙や宗教といった、思想・信条に関するトピックは避けるのがベター。

Key phrase

What's new?

最近、何かあった?

What's new?、Anything new?、What's up? はくだけた言い方なので親しい間柄の人に使うようにしましょう。また、自分がひとつ話したら相手にも What about you?（あなたはどう？）と質問を振ってみるのが、会話が弾み相手と仲良くなるコツのひとつです。

What's new?
最近、何かあった?

I was just at The Animals concert yesterday.
きのう、ジ・アニマルズのコンサートに行ったばかりだよ。

What a coincidence! I was there too.
偶然！　私も行ってたよ。

Oh really?! Wasn't it so much fun?
本当に!?　すごく楽しかったよね。

特になければ Not much. と返事してもよいですが、小さなことでも話してみて。

関連ワード

▶ 世間話のバリエーション

Anything new?（何か新しいことあった?）

What's up?（最近どう?）

Sup?（最近どう?）
*What's up? をさらにくずした言い方です。

How have you been?（最近どうしてました?）*丁寧

Not much.（あまりない）

What a coincidence.（偶然ですね）

bump into ~（～に偶然会う）
例 I bumped into Koala this morning.
（今朝こあらくんに偶然会いました）

I just ~（～したばかりだよ）
例 I just went to the gym an hour ago.
（1時間前にジム行ったばかりだよ）

1-06

最近の出来事を話す

Did you hear about your favorite idol, Pantan, getting married?

君の好きなアイドルのぱんたんが結婚するって聞いた?

I'm shocked! I need time to get over that.
ショック！しばらく立ち直れないよ～

Tidbits!

Do you know about the dance challenge going viral?（今バズってるダンスチャレンジ知ってる？）のように Do you know ~? でニュースを伝えることもできます。

Key phrase

Did you hear about ~?

～について聞いた?

最近の出来事やニュースを話題にする際に使います。So what did he do?（それで彼はどうしたの？）、How did that happen?（どうしてそんなことになったの？）、How did she react?(彼女の反応は？）など詳細を聞き出すフレーズも覚えると、会話もいっそう弾みます。

Let's try!

Did you hear about that store closing down?
あのお店が閉店しちゃうって聞いた?

What! How did that happen?
え！ どうしてそうなったの?

Well, they only sold animal prints.
まぁ、アニマル柄しか売ってなかったからかな。

That's so me! I've got to go to their closing down sale.
それは僕にピッタリだ！ 閉店セールにいかなきゃ。

「あなたっぽいね」は so you 、「私っぽいね」は so meで表します。

関連ワード

- Do you know ~?（~知ってる?）
- go viral（バズってる・拡散されている）
  - viralはウイルス（virus）のように広がっていくことからきています。
- get over（立ち直る・乗り越える）
- so what did (he) do?（それで〈彼〉はどうしたの?）
- How did that happen?（どうしてそんなことになったの?）
- How did (she) react?（〈彼女〉の反応は?）
- close down（〈お店がなくなる〉閉店）
- opening day（開店日）
- closing down sale（閉店セール）
- ~ is so you（~はあなたっぽいね）＊カジュアルな表現
- ~ is so me（～は私っぽい・～は私にピッタリ）＊カジュアルな表現

1-07

今日がどんな日か話す

It's such a nice day, isn't it? It must be because of our good behavior.

今日はとてもいい日じゃない？　きっと私たちのおこないがいいからだね。

天気もいいし！
I know. I bought so much at the sale!
ほんとだね。セールでこんなにも買っちゃったよー。
最高～っ
KAI MONO
Saikou

Tidbits!

great deals（お買い得）やbargain（バーゲン）などのサインを見るとついつい買いすぎちゃうことも。ちなみに英語圏では掘り出し物をgem（宝石）と表現することもあるよ。

It's such a ～ day.

(今日は)とても～な日だ。

「今日は～ですね」と始めるスモールトークにおいて天気の話題は話しやすいもの。特に日本は四季が分かれているので、外国に住んでいる方にとっては興味深いものです。天気や気候に関する単語をいくつか覚えておいて、ぜひ日本の魅力を伝えてみてください。

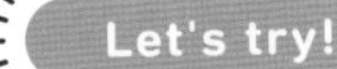

It's such a freezing day.
今日はとても寒いね。

The igloo I built is warmer than you think.
僕がつくったかまくらの中は意外と暖かいよ。

Cool. Can I come in too?
へぇ～。私も入ってみていい？

Sorry... there's only room for one.
ごめん・・・1人しか入れない広さなんだ。

freezing は「凍えるほど寒い」、coldは「寒い」、coolは「涼しい」と使い分けて。

関連ワード

▶ 天気や気候を表すワード

warm（暖かい）

hot（暑い）

blazing hot（灼熱）

scorching（猛烈に暑い）

rainy（雨が降っている）

snowy（雪が降っている）

cloudy（曇っている）

windy（風の強い）

▶ 似たフレーズ

What a day!（なんて日だ！）

1-08

頻度をたずねる

How often do you work out? It's amazing how muscular you are!

どれくらい筋トレするの？ ムキムキですごいね！

Thanks, I come here 7 times a week.
ありがとう。このジムには週７で通ってるんだ。
すごい筋肉…！
ムキッ
ムキッ
ムキッ

Tidbits!

「筋トレ」は直訳で muscle training と言いがちだけど、正確にはweight trainingというよ。Weight training is a battle against yourself!（筋トレは自分との闘いだ！）がんばって！

Key phrase

How often do you～?

どれくらい(の頻度で)～するの?

質問を見越して、I go to the gym 7 times a week. と初めから頻度も含めた返答を意識しておくのもおすすめ。How many times do you ~?(何回～するの？）は数を聞いているので、I travel abroad 2 times a year.(海外旅行は年に2回行く。）のように数字で答えましょう。

Let's try!

How often do you drink protein shakes?
プロテインは週に何回飲んでいるの?

I try to drink it 5 times a week.
週に5日、飲むようにしてるよ。

I wish there was a bamboo leaf flavored one.
笹の味のプロテインがあればいいのになぁ。

Eucalyptus flavor is surprisingly good too.
ユーカリ味も意外とイケるよ。

How often do you ～? の答え方は always, sometimes, never など1語でもOK。

関連ワード

▶ 頻度を表す言葉をおさえよう

- always (いつも)
- usually (普段)
- often (よく)
- sometimes (たまに)
- hardly ever (ほどんど～ない)
- never (絶対～ない)

▶ 数字を入れて表現してみよう ※日本語の言い方とは逆になるので注意

【回数+ a +1つの期間で表す言い方】

例 once a week (1週間に1回)

例 4 times a month (1カ月に4回)

【回数+ every + 期間(複数形)で表す言い方】

例 once every 3 months (3カ月に1回)

例 5 times every 7 years (7年に5回)

1-09

予定をたずねる

What are you doing this weekend?

今週末は何をするの?

Hmm, I'm just going to chill and watch a movie at home. How about you?
そうだねぇ、家で映画を見ながらゴロゴロする予定だよ。君は?
I'm planning to work out at the gym.
僕は筋トレする予定だよ。
また!?

Tidbits!

ある程度親しくなった人には気軽に予定を聞いてもOK。上下関係が日本ほど強くない欧米では、上司でも友人のように話すこともあるし、子どもでも初対面ならなるべく丁寧な話し方をするよ。

Key phrase

What are you doing～?

～は何をするの?

親しい間柄ではとてもよく使われるフレーズです。What are you doing? だけだと「何してるの!?」と強い口調にも聞こえるので、予定を聞く時は最後に「いつ」を入れるのを忘れずに。Do you have any plans this weekend? と聞くとより丁寧です。

Let's try!

What are you doing next Saturday?
来週の土曜日は何をするの?

I'm going to work out at a new gym.
新しくできたジムで筋トレをするんだ。

Oh great...what do you do on the days you don't work out?
おぉすごい…筋トレをしない日は何をしてるの?

I watch work out videos on YouTube.
筋トレのYouTubeを見てるよ。

work out は筋トレを含む運動全般を指し、筋トレをしない場合でも使えます。

関連ワード

▶ 週別の表現をマスターしよう

past Wednesday (〈過ぎたばかりの〉水曜日)

last Wednesday (先週の水曜日)

this Sunday (今週の日曜日)

next Sunday (来週の日曜日)

next next Sunday (再来週の日曜日)

ネイティブでも困惑しやすい週別の表現。今日が木曜日だとして、前日の水曜日は past Wednesday でもいいし、シンプルに Wednesday のみの方が分かりやすい場合も。さらに This と Next も今週なのか来週なのかの解釈を間違えがち。より正確に伝えたい時は、Sunday this week (今週の日曜日) か Sunday next week(来週の日曜日)と week をつけて。過去のことを聞く時は What were you doing last Wednesday? (先週の水曜日は何してた?) のように表現します。

1-10

好きなものをたずねる

What kind of movie do you like? Comedy? Horror? or Romance?

どんな映画が好き? コメディ? ホラー? それとも恋愛もの?

I like kung fu movies.
カンフーの映画が好きなんだ!
エイッ

Tidbits!

映画でリスニング力を鍛えたい時は吹き替え版よりも日本語字幕がおすすめ。慣れてきたら、英語字幕の作品を選んで単語がどのように発音されているのかを聞くとスピーキング力もアップするよ。

Key phrase

What kind of ～do you like?

どんな～が好きですか?

音楽や食の好みなど、「~」のところの名詞を変えるだけで幅広いシーンに使えます。What kind of ~? と聞いているので、選択肢が3つ以上あるものに適切。「どちらが好き？」のように選択肢が2つしかないものはWhich one do you like?(どっちが好き？）と聞きましょう。

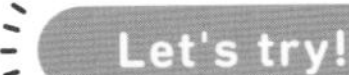

Let's try!

What kind of food do you like?
どんな食べ物が好きなの?

I love bamboo leaves.
笹の葉が大好きなんだ。

That's my favorite too!
僕も笹の葉が好物だよ!

Really? I've only seen you eat eucalyptus....
本当に? ユーカリの葉を食べてるところしか見たことないけど･･･。

likeよりも好き度が増すloveは、人への愛だけでなく好みのものすべてに使えます。

関連ワード

▶ 好きなものをたずねるいろいろな表現

Which one do you like?（どちらが好きですか?）

What type of ~ do you like?
（どんな～が好きですか?）

What type of ～はWhat kind of ～ よりも少しフォーマル。ビジネスシーンなどで好まれる表現です。

▶ 好き嫌いにまつわる表現

fancy（好む）　dislike（好きでない）

hate（大嫌い）
＊強いニュアンスがあるので使用に注意。

I enjoy ~（～が好きです）
＊物よりアクティビティーによく使われます。

I'm into ~（～にハマっています）

Column 1

ポイントをおさえてレベルアップ！

大人からの英語の学び直しのコツQ&A

大人になってからの学び直しで知っておきたいポイントをご紹介。たくさんの人が感じるギモン点をクリアにしておきましょう！

Q1 なんとな～く、会話ができるレベルになりたい。どの位の学習が必要？

A. 「週に1時間」のペースで続けておおよそ1年ぐらいです。

例えば英会話教室で週に1時間のペースで勉強を続けたとすると、半年ぐらいで耳が慣れて聞き取れるようになり返事も早く返せるように。「なんとな～く会話ができる」までには約1年ぐらいと考えて。

Q2 1日10～15分の勉強だけじゃ、やっぱり英語力は伸びない？

A. 「短時間×継続」のスタイルで"忘れない力"も養えます。

10～15分だけでは上達はゆっくりですが、筋トレと一緒でやるとやらないでは大違い！「短時間×継続」の学習スタイルは、「忘れない力」もつけることができます。

Q3 やっぱり、中学英語の学び直しからやるのがいい？

A. 「中学英語で会話が成り立つ」は本当です。

学び直しの際には「中学で習う単語や文法」から始めるのがおすすめです。基礎がしっかり身についていると、新たな内容や上級レベルの会話もより効率的に吸収できるからです。

Q4 ついつい三日坊主に…継続のコツは？

A. 小さな目標の達成を積み重ねよう

まずは明確で小さな目標を立てましょう。「来週までには熟語を10個覚える」、「今月はこのフレーズを3つ使えるようになる」など、ひとつずつクリアしていくうちに自信がつき、楽しくなっていくはず。

最後にアドバイス！

実践の場を増やすことが大切。英語カフェで自己紹介だけでも完璧にこなしてみる、間違っていてもいいのでSNSで英語でコメントしてみるなど、できることから始めましょう！

CHAPTER

2

仕事で
がんばる編

2-01

希望や欲望について話す

I want to get my paycheck without working.

仕事せずに給料だけ欲しいよ。

It would be great if we could get 500 million yen.
5 億円くらいもらえたら最高だよね。

ハア…

Tidbits!

「楽して稼ぐ」は make easy money、「一山当てる」は hit the jackpot と言うよ。Wouldn't you want to hit the jackpot looking for buried gold?（埋蔵金探しで一山当てないかい？）のように使って。

Key phrase

I want to --- without ~

～せずに----したい

withoutは「～(行動) せずに」または「～(人・物) なしで」の2つ使い方があります。行動を表す時は without のあとの動詞は必ず進行形を使いましょう。I want to lose weight without exercising.(運動せずに痩せたい。)、といった使い方で話してみてくださいね。

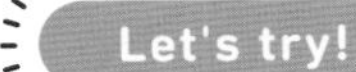

I want to travel without using too much money.
あまりお金をかけずに旅行がしたいなぁ。

Well, how about staying at a capsule hotel?

じゃぁ、カプセルホテルに泊まるのはどう?

I don't want to sleep without a comfortable bed.
寝心地のいいベッドなしで寝たくないなぁ。

...You're too picky.
・・・こだわりが強すぎるよ。

I don't want to --- without～ にすると、「～なしで---したくない」という否定文に。

関連ワード

paycheck (給料)

hit the jackpot (一山当てる・大当たりをとる)

ジャックポットと聞くとお金を想像しがちですが、一瞬で有名になった時など大成功をした時にも用いられる比喩です。これより少し丁寧な表現に、strike it rich (富を得る) があります。

lottery (宝くじ・抽選)

picky (こだわりが強い・好き嫌いが激しい)

easy money (楽して手に入れたお金)

no pain no gain (労なくして益なし)

「労力なくして得るものなし」と同じ意味を持つ有名な英語のことわざ。

2-02

アイデアを思いつく

I **came up with** a fantastic idea!

いいこと思いついたよ！

I'm going to buy a lottery ticket on my way home!
今日の帰りに宝くじを買うよ！
宝くじ
What is it?
なに?

Tidbits!

夢が広がる宝くじは lottery と言うけれど、「抽選」も同じ単語を使うため「宝くじ」は lottery ticket と呼ぶことも。欧米ではビンゴで賞金を当てる大会もあって、当選者は winner（勝者）と言うよ。

Key phrase

come up with~

～を思いつく

計画、アイデア、ドッキリの案などを思いついた時に使われる熟語。同様に、Oh, yeah!(あ、そうだ！）や I got it!（ひらめいた！）などのフレーズも使えます。Oh, yeah! How about hiding here?（あ！そうだ！ここに隠れておくのはどうかな？）といった使い方です。

I came up with a great idea yesterday.
きのういいこと思いついたんだ。

Cool, what is it?
へぇー聞かせて。

If you win the lottery, I'll hold on to it for you.
もし君に宝くじが当たったら、預かっておいてあげるよ。

No thanks. I have a sturdy safe at home.
それはけっこうだよ。うちには頑丈な金庫があるからね。

「宝くじにハズレた。」は I didn't win the lottery. と言う方が自然な表現です。

関連ワード

win（〈宝くじ・抽選に〉当たる）

lose（〈宝くじ・抽選に〉ハズレる）

idea（案）

plan（計画）

decision（決断策）

solution（解決策）、prank（ドッキリ）

▶「思いつく」に似た他の表現

I got it!（ひらめいた！）

It crossed my mind that~
（ぱっと思いついたんだけど、～）

Just a quick thought,
（ちょっとした考えなんだけど）

2-03

丁寧にお願いする

I was wondering if you could develop a new drink.

新商品のドリンクの開発をしていただけませんか？

I promise you
I will make the best.
最高のものをつくってみせます！
おまかせあれ！

Tidbits!

がんばりたくなる大きな仕事。I'm counting on you.（君には期待しているよ。）と声をかけられたら、Leave it to me.（おまかせください。）、I will do my best.（ベストを尽くします。）などと返してみるのもおすすめ。

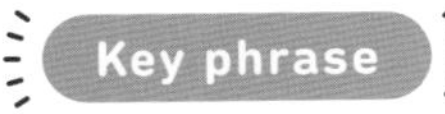

I was wondering if ~

～していただけませんか?

I was wondering if ～はかなり謙虚な表現。少し強さを出すなら Could you ～？でもOK。I was wondering if you could close the window.（よろしければ窓を閉めていただけませんか？）、Could you close the window?（窓を閉めていただけますか？）と使い分けます。

How can I help you? You look worried.
どうかしたの？困った顔をしているね。

I was wondering if I could get some time off for a vacation.
長期休暇をいただけないかと思いまして。

Of course you can! How many days are you thinking?
もちろんだよ！何日ぐらいを考えているんだ?

365 days.
365日です。

I was wondering if ~は相手から許可をもらいたい時にも使えます。

関連ワード

▶ 頼み事フレーズの丁寧度とおもな相手の目安

I was wondering if ~ (~していただけませんか?) …ビジネス全般・初対面・目上の人（とても丁寧な敬語）

Could you ~ ?・Would you ~? (~していただけますか?) …家族・友人・職場・初対面（です・ます調）

Can you ~? ・ Will you ~? (～してくれる?) …家族・友人・仲の良い同僚（タメロ）

▶ 頼み事への返事に使えるフレーズ（丁寧度の違いはなく、どんな相手にも使えます）

Of course.（もちろん）　Absolutely!（もちろん!）

I'll do my best.（ベストを尽くします・がんばります）　Leave it to me.（おまかせください）

2-04

言いにくいことを伝える

To be honest, I'm not fond of it. You might want to change it.

正直に言うと、あまり好みではありません。 変えたほうがいいかもしれません。

Tidbits!

You might ~ は押しつけがましくなく、相手の自主性を尊重してアドバイスする時に使われるフレーズです。さらに丁寧さをプラスしたい時は You may ~ を使ってみましょう。

Key phrase

To be honest, ~

正直に言うと〜です。

相手に言いにくいことはたくさんありますよね。そんな時は To be honest,（正直に言うと〜）のほか、I'm afraid ~（残念ながら〜）、Honestly ~（正直〜）でワンクッション置いてみましょう。ちなみに To be honest はネットスラングで「TBH」と略して使われています。

To be honest, I don't think I'm suited for customer service.
正直に言うと、僕は接客に向いていないかもしれません。

Why do you think so?

どうして?

Because I get flustered easily.
すぐにあたふたしてしまうから。

That's not a problem. I find that part of you charming.
大丈夫。君のそんなところも魅力だよ。

「大丈夫だよ。」は It will be fine. や No worries.、It's okay. も使えます。

関連ワード

▶ 言いにくいことを伝える時のワンクッションフレーズ

I'm afraid ~（残念ながら〜）＊丁寧	Actually ~（実は〜）＊カジュアル
Frankly speaking ~（率直に言いますと〜）＊丁寧	not a fan of ~（〜があまり好きでない）＊丁寧
Honestly ~（正直〜）＊カジュアル	

▶ 相手を元気づけるフレーズ

It will be fine.（大丈夫だよ）	No sweat.（心配ご無用）＊スラング
No worries.（心配しないで）	It's not a big deal.（大したことないさ）

2-05

お知らせする

I want to inform you of the first day sales of our new drinks. We've reached a record high!

新作ドリンクの初日の売り上げをお知らせします。なんと、過去最高です！

Tidbits!

売上は sales、赤字はin the red、黒字はin the blackと言うよ。ちなみにアメリカでおこなわれる大規模なセール「Black Friday」は、売り上げが良くて黒字になることからきている言葉だよ。

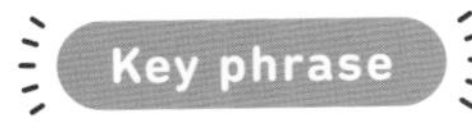

I want to inform you ~

～をお知らせします。

何かを報告する時に使える丁寧なフレーズです。I want to を I would like to に変えるとより丁寧に聞こえます。悪いお知らせは率直に I have bad news.（悪い知らせがあります。）と会話を始めることができます。

I want to inform you about something good.
今日はみなさんにいいお知らせがあります。

Wow. What could it be?
わぁ、なんですか?

Panda's menu was nominated for the "Stylish Award".
ぱんだくんのメニューが「おしゃれアワード」にノミネートされました。

Really? I can't believe it!
本当に? 信じられない!

良いお知らせはシンプルに I have good news! と言って注目を集めてもOK。

関連ワード

record high（過去最高）

record low（過去最低）

good news（良い知らせ）

bad news（悪い知らせ）

profit（利益）

keep posted（都度知らせる）

▶ いろいろなお知らせフレーズ

I would like to inform you ~
（～を報告させていただきます）＊丁寧

I'm happy to inform you ~
（～を喜んでお知らせします）

I'm sorry to inform you ~
（申し訳ありませんが～）＊悪い報告の時

2-06

相談する

May I talk to you about my possible raise? Because I'm never late to work, right?

ぼくの昇給について相談させてください。なぜなら、無遅刻でしょう?

Let me think about it.
考えておきます。

Tidbits!

欧米では「自分の給料が仕事量に見合ってないぞ！」と賃金交渉をする人は少なくないよ。お給料(salary)にまつわる単語でよく使われるものにはraise(昇給)、cut(減俸)、wage(時給) などがあるよ。

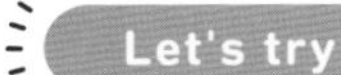

Key phrase

May I talk to you about ~?

～について相談させてください。

英語で「相談する」は「お話しする・聞く」と同義で使われることも。Can I ask you something?(ちょっと聞いてもいい？) も相談時に便利なフレーズ。上司などには Could I get your advice on something?(ご相談させてください。) とフォーマルな形でたずねてもOK。

Let's try!

May I talk to you about my transportation cost commuting?
僕の交通費について相談させてください。

What's the matter?
どうしましたか？

Could I commute to work by taxi?
タクシーで通勤してもいいですか。

What? Don't you live 5 minutes away from here on foot?
え？ ぱんだくんの家はここから徒歩5分でしたよね？

移動手段は on foot(徒歩で)、by car(車で)、by airplane(飛行機で) と表現します。

関連ワード

cost negotiation (賃金交渉)

commute (通勤)

▶ 相談をもちかけられた時に「ちょっと考えさせて」と言いたい時のフレーズ集

例 Let me think about it. (考えておきます)

例 I need to think about it. (考えてみないといけません)

例 I need to give it a thought. (少し考えさせてほしいです)

例 Let me sleep on it. (一晩考えさせて) ＊カジュアルですが、ネイティブによく使われます。

2-07

残念な報告をする

Unfortunately, the overall store sales are at a record low this month.

残念ながら、今月は店舗全体の売り上げが過去最低です。

昇給も見送りで…
The weather has been bad for a long time now.
天気が悪い日が続いたもんなあ。
オーノー

Tidbits!

「過去最低」は all time low とも。逆に「史上最高」は all time high。「歴代最長」は the longest in history で、His tenure is the longest in history.（彼の在任期間は歴代最長だ。）と使おう。

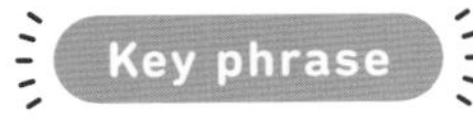

Unfortunately,~

残念ながら〜

同様のフレーズに I'm afraid ~（申し訳ございませんが〜）、To tell you the truth ~（実を言うと〜）などがあります。クレームなどは I'm afraid you've sent me the wrong package.（申し訳ございませんが、間違った荷物が送られてきたようです。）のように冷静に伝えましょう。

Unfortunately, the "Giant Parfait" will be discontinued.
残念ながら、「のっぽパフェ」は販売終了です。

Oh no! Why is that?
えぇ!?　どうしてですか?

We've only sold two this past year... .
この1年で2回しか注文がなかったので…。

Don't you think 8,500yen is too expensive...?
8500円という値段が高すぎるのでは…?

過去の期間は past（過ぎた）を使い、past three years（ここ 3 年）のように言います。

関連ワード

- all time low（過去最低）
- all time high・best ever（史上最高）
- strongest of all time（史上最強）
- longest in history（歴代最長）
- remove（外す）
- add（追加する）
- past ~ years（ここ〜年）

▶ 残念なことを告げる時のフレーズ

- I'm afraid ~（申し訳ございませんが〜）
- To tell you the truth ~（実を言うと〜）
- I'm sorry to say this but ~（申し訳ないのですが〜）

2-08

相手に待ってもらう

Hello. Is it just for one?
One moment, please.

いらっしゃいませ、おひとりさまですね。少々お待ちくださいませ。

No, it's for 30 (people).
いえ、30名なのですが入れますか？
SEKKYAKU Smile
30ヤバ…

Tidbits!

飲食店でよく使うフレーズを覚えておくと便利だよ。I have a reservation under Koala.（予約したこあらと申します。）、I would like a window seat.（窓側の席に座りたいのですが。）などは要チェック！

One moment, please.

少々お待ちください。

接客英語では One moment, please. が多く使われますが、親しい人にはかなり崩した、Hold on.(待って。) やWait a minute. (1分ちょうだい。)、Just a sec.(ちょっと待って。) などでもOK。sec はsecond を省略したもので、さらに短く One sec!(ちょい待ち！) も使えます。

Let's try!

We've got to hurry! The train is coming!
早くしないと電車来ちゃうよ～！

Just a sec. Where did my ticket go?
ちょっと待って～。切符どこにいったかなぁ～？

Did you lose it?
なくしちゃった？

Found it! I forgot I put it in my sock.
あった！ 靴下の中に入れておいたんだった。

got to は崩して gotta と使うことも。gottaは「ガタ」と発音しましょう。

関連ワード

Welcome to ~ （～へようこそ）

welcome は単体として会話で使われることは少なく、Welcome to ～. (～へようこそ) のように、ある場所に招く時に文章としてよく使われます。

For 1. （一人です）

a table for ~ （～人の席）

book、reserve （予約する）

book と reserve はどちらも「予約する」の意味があり、book は航空券やホテルなど旅行関係に使われることが多いです。

have a reservation under ~ （～で予約しています）

window seat （窓側の席）

aisle seat （通路側の席）

2-09

気軽に請け負う

We have to make 30 cups of coffee? No worries, it's a **piece of cake.**

コーヒー 30 杯作らなきゃいけないの？ 心配しないで、楽勝だから。

Thank goodness!
助かるー!
あわわ…

Tidbits!

ピンチを救ってくれる仲間がいると心強いよね。感謝の気持ちは、I owe you.（恩にきます。）、You're the best.（いつもありがとう。）、Thanks to you.（君のおかげです。）などのフレーズでも伝えてみよう。

Key phrase

piece of cake

楽勝・朝飯前

piece of cake（楽勝）やeasy peasy（お安い御用）は気軽に使えるカジュアルなフレーズ。助けてもらった時のお礼はYou're my hero!（私のヒーロー！）、You saved my life.（人生救われたよ。）とオーバーに言うのがネイティブっぽく聞こえるポイントです。

Let's try!

Could you wash 30 coffee cups?
コーヒーカップを30個洗っておいてくれる？

Piece of cake! I can finish that in three minutes.
楽勝だよ！ 3分でできちゃうよ。

We've got to hustle because there's another 30 more waiting.
急がないと次の30名様がお待ちだから。

Hold on! Another 30 more?!
待って！ また30人来ちゃったの!?

「張り切る」などの意味で使う「ハッスル」。英語では「急がせる」という意味に。

関連ワード

Easy peasy.（お安い御用だ）

Thank goodness.（助かる！）

Thank God.のほうが聞き覚えがある人もいるかもしれませんが、キリスト教徒の人は気分を悪くすることもあるのでgoodnessを使うのがおすすめ。

I owe you.（恩にきます）

You're the best.（いつもありがとう）

Thanks to you.（君のおかげです）

hustle（急がせる・せかす・無理をさせる）

「がんばる」や「張り切る」という意味を持った日本語のハッスルとは少し違い、英語では人を急がせたり無理をさせる時に用いられる単語です。

2-10

疲れていることを伝える

I'm beat! I just had a twelve-hour shift.

疲れたー！12時間のシフトが終わったよ。

Today was especially busy.
今日はとくに忙しかったねぇ。
今日も えらかったねぇ…

Tidbits!

忙しさにまつわる表現もいろいろ。せかせかとハチのように動いている人をHe is busy as a bee.なんて表現することも。ネイティブがよく使うのは「忙しい」を少し誇張したI'm super busy! だよ。

I'm beat.

疲れた。

「疲れた」は I'm tired が一般的ですが、状況により I'm~ に続く単語で表現を使い分けることも可能です。beat は体がヘトヘトな様子。その他、exhausted や worn out は体をよく動かしてボロボロに、mentally drained は精神的に疲れた、といったニュアンスです。

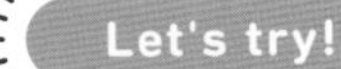

It was such a hectic day. Good job.
今日は忙しかったね、お疲れさま。

I'm beat. Can I take a day off tomorrow?
疲れてヘトヘトです。明日有給とっていいですか？

You took an 8 day holiday last week, didn't you?
君は先週8連休とったばかりじゃない？

Oh shoot! That's right... .
しまった、そうだった…！

帰り際には Have a good night.（よい夜を。）などと一声かけることも。

関連ワード

- beat（〈ヘトヘトに〉疲れた）
- exhausted（クタクタ・疲れ切った）
- worn out（〈ボロボロに〉疲れ果てた）
- busy as a bee（〈ハチのように〉忙しい）
- tied up（手が離せない）
- hectic（目まぐるしく忙しい）
- busy with ~（～で忙しい）
- slow（〈お店などが〉暇）
- quiet（〈お店などが〉シーンとしてる）
- 8 day holiday（8連休）
- See you tomorrow.（また明日）

2-11

食事に誘う

Thank God it's Friday!
Let's go for dinner.

華金だ！　ご飯に行こう！

Tidbits!

仕事終わりの一杯は格別だよね。楽しい仲間を誘う時はLet's go out for drinks（パーっと飲みに行かない？）のほか、It's on me!（今日は私のおごりね！）なんていうフレーズで誘ってみるのもいいかも？

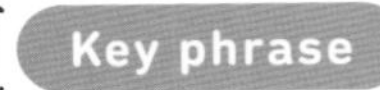

Let's go for ~

～(飲みに・食べに)行こう

親しい人から食事や飲み会に誘われるのはうれしいもの。気のおけない相手にはLet's go for drinks!（飲みに行こうぜ！）の他、Are you up for grabbing a bite?（軽く食べに行く？）、Wanna grab coffee?（コーヒー行く？）などのフランクな表現で誘ってみましょう。

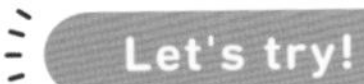

Let's go for drinks at the new bar near the gym.
ジムの近くにできたバーに飲みに行こうよ。

Sounds good! What is it like?
いいね！　どんなお店？

There's a "Protein Tasting Combo".
「プロテイン飲み比べセット」があるんだ。

There's more than just protein on the menu, right...?
プロテイン以外のメニューもあるよね…？

like は「好き」だけでなく、どんな感じなのかを聞く時にも使える単語です。

関連ワード

- go out~（～に出かける）
- up for~（～はどう?）
- Sounds good.（いいね・良さそう）
- What is ~ like?（~はどんな感じですか?）
- grab a bite（軽食をとる）
- grab a drink（軽く飲む）
- go Dutch（割り勘をする）

go for coffee（お茶する）

紅茶を飲む場合も coffee で「お茶をする」と表現します。

combo（セット）

combination の略で、set よりも一般的に使われる単語です。

2-12

忙しい日を乗り切る

I need coffee to **get me through** Monday!

月曜日を乗り切るにはコーヒーが必要なの！

グランデで！
Here you are.
100 points for showing up to work!
どうぞ。出社するだけで100点！
どうぞ

Tidbits!

相手に物を渡す時には Here you are.（どうぞ。）のひと言を。さっと渡す時の「はい、これ。」は There you go.、少し怒っている時は Here. とちょっと冷たい口調で言うこともあるよ。

Key phrase

get me through

乗り切る

忙しい日には特に登場しそうな熟語です。get by ～ も同様の意味で、I'm getting by on $50 a week.（週に50ドルでなんとか乗り切ってるよ。）といった使い方をします。また、大げさにI'm barely surviving.（ギリギリ生き残ってるよ。）と自分の忙しさをアピールすることも。

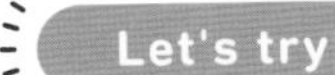
Let's try!

I wonder if I can get through the promotion exam.
昇進試験、乗り切れるかなぁ？

Hang in there! I'm rooting for you.
がんばって！　応援してるよ。

Thanks. You seem busy every day too.
ありがとう。あなたも毎日忙しそうね。

Yeah, I have to get my hair done for the TV interview.
うん、テレビの取材が来るから髪型をキメてこなくちゃ。

「～かなぁ？」を指すI wonder if ~ はひとり言でつぶやく時にも使えます。

関連ワード

Here you go.（どうぞ）＊丁寧

There you go.（はい、これ）

Here.（はい）＊少し怒っている

Go ahead.（〈お先に〉どうぞ）

barely surviving（ギリギリ生きている）

get by（なんとかやっていく）

▶ 励ましのフレーズ

Good luck!（がんばって！）

Hang in there!（がんばって！）

You can do it.（君ならできる）

You're doing great!（その調子でがんばれ！）

Keep it up!（その調子だ！）

2-13

来た目的を伝える

I am here to propose some amazing projects I've come up with.

私が考えた最高の企画をいくつか提案しに来ました。

KINCHO...
Oh, fantastic.
Let me hear them.
おっ、楽しみです。聞かせてください。

Tidbits!

some は a fewとも同義語。a fewは「2つか３つ」と数えられる名詞に使い、someは some information（いくつかの情報）など、数だけでなく量を表すことも可能。迷った時は some で乗り切ろう！

Key phrase

I am here to ~

～しに来ました。

自分がその場所に来た目的を伝える時に役立つフレーズです。また、電話をかけた目的や要件は、I am calling to make sure the report was received last Friday.（先週の金曜日に報告書を受け取ったか確認させていただきたくお電話しました。）のように伝えてみましょう。

Let's try!

I am here to ask for your advice on the presentation I made.
プレゼンの資料を作ったのでアドバイスをいただきに来ました。

Great, it's very well put together.
おぉ、よくまとまっていますね。

Is there anything I should change?
変更したほうがいい箇所はありますか？

It would be easier to understand if you included a graph here.
ここにグラフを入れるとよりわかりやすいですね。

Anything I should change? のように、質問の最初の Is there を省略することも。

関連ワード

Let me hear about it.（聞かせてください）

Tell me about ~（～について教えて）

話を聞きたい時の「教えて」はteachでなくtell。teachは学習する時のみに「教える」の意で使います。

a few（いくつか〈数えられる物〉）

some（いくつか〈数えられる物・量〉）

Tell me all about it!（全部聞かせて！）

お土産話や面白いニュースを聞き出したい時によく使われます。

I want to ~（～をお願いしたいです）

I'm calling to ~（～でお電話させていただきました）

2-14

可能なことについて話す

Would you **be able to** prepare an estimate by Friday evening?

金曜日の夕方までに見積もりの作成はできそうですか？

Friday?!
That's not enough time!
金曜日!? そんなに時間ないじゃん！
忙しいところ申し訳ない…
ハイ

Tidbits!

頼みごとをすぐに引き受けられない時は Sorry, I have my hands full.（すみません、いま手一杯で。）、If you don't mind waiting until early next week.（週明けまででもよければ。）といった表現を使うと便利だよ。

Key phrase

be able to ~

~ができる

be able to と同じ意味を持つ can は、I can speak four languages.（私は4か国語が話せます。）のように自分があらかじめ持っているスキルや能力を表すのに対し、be able to は 現在の状況で何かをする能力があるか、あるいは条件を満たしているかについてを表します。

Let's try!

Would you be able to post this list of appointments?
この辞令一覧を貼っていただけませんか？

For sure. Oh! Yamada has been promoted to head of section.
もちろんです。おお、山田くんは課長に昇進したんだ。

Well, he did sell 30,000 new high-tech piggy banks.
彼は新製品のハイテク貯金箱を3万個売り上げたからね。

He is indeed an accomplished salesman!
さすが敏腕営業マン！

過去形の動詞をあえて did + sell（動詞の原形）に分けるのは強調したい時の手法です。

関連ワード

look over（目を通す）

president（社長）

head of section（課長）

general manager（部長）

piggy bank（貯金箱）

hands are full（手一杯）

have a lot on my plate（やることがたくさんある）

be packed (with plans)（〈予定が〉パンパンだ）

If it's ok ~（～でもよかったら）＊カジュアルな言い方

If you don't mind ~（～でもよろしければ）

prepare（準備する）

post（貼る・投稿する）

2-15

推測する

I'm sure you'll do fine with the presentation.

プレゼンきっとうまくいくはずだよ。

頑張って〜！負けないで〜！
Thank you for the encouragement. I'll do my best.
励ましてくれてありがとう。がんばるよ。

Tidbits!

「〜してくれてありがとう」の感謝の気持ちは、Thank you for 〜ing と動詞の進行形が基本。動詞を使わない場合は、上のセリフ（encouragement=激励）のように名詞や形容詞でアレンジしてもOKだよ。

Key phrase

I'm sure ~

きっと～

推測を表す時は、どれぐらい確信を持っているかで表現が異なります。I'm sure ~ は確実に言い切れる時に使えるフレーズ。確信が持てない時は He could be just sleeping.（彼は寝てるだけかもね。）のように could be～ もしくは might be～ を使ってみましょう。

Let's try!

I'm sure Yamada will be the president.
山田くんはきっと社長になると思う。

He can surely get a job done.
彼は仕事できるもんね～。

He is the most successful of his peers!
同期の中でいちばんの出世頭だよ！

We'll have to celebrate once he becomes president.
社長になったらお祝いしなくちゃ。

get a job done は「仕事を片付ける」などのほか、「仕事ができる」の意味も。

関連ワード

▶ 確信の度合いによって推測のフレーズを使い分けよう

強い must be（絶対～） can't be（絶対～ない）

弱い might be（たぶん～） may not be（～でないかも） could be（～かも）

▶ 応援に対する「がんばります！」のいろいろなフレーズ

例 I'll do my best!（がんばります！） ＊どんな時にも使える

例 I'll try my best.（がんばってみる） ＊やや自信がない時

例 I got this.（がんばるわ） ＊自信がある時

2-16

丁寧なメール文を送る

Don't hesitate to ask me questions.

遠慮なく質問してください。

How is everything?
(調子はどうですか?)
We have a few more days until the presentation.
(プレゼンまであと少しですね。)
Don't hesitate to ask if you have any questions.
(わからないことがあれば遠慮なく質問してください。)
あ、上司からメールだ
やさし〜〜っ

Tidbits!

「お疲れさま」にあたる言葉が英語にはないので、メールの文頭はHow are you? とあいさつしたり、以前にやり取りがあれば How is everything?(調子はどうですか?)と、近況をたずねたりしてもいいよ。

Key phrase

Don't hesitate to ~

遠慮なく～

英語では「おっしゃる」や「お願い申し上げます」のような敬語や丁寧語があまりないため、Don't hesitate to ~ など、相手を気遣う言葉で丁寧さを表します。Please feel free to contact us at any time.(いつでもお気軽にご連絡ください。)とメールの最後に添えるのもおすすめ。

Let's try!

▶上司からのメールへの返信文

Hello.
こんにちは(お疲れさまです)。

Thank you for reaching out.
ご連絡ありがとうございます。

I am terribly nervous about the presentation.
プレゼンはひどく緊張しております。

Is it possible if I could go through it with you this afternoon?
もし可能であれば、午後にプレゼンを一緒に確認していただけないでしょうか?

目上の人には Is it possible if ~ で可能かどうかを丁寧にたずねてみましょう。

関連ワード

How is ~ ? (～はどうですか?)　How is ~ going? (～はどう?) *カジュアルな言い方

▶ビジネスメールで使えるフレーズ

例 Please feel free to ~ (お気軽に～ください)

例 As I mentioned before ~ (以前〈先ほど〉申し上げましたように～)

例 Please note (that) ~ (～をご了承ください)

例 Best regards, (よろしくお願いいたします)

例 Sincerely, (心から)

「よろしくお願いいたします」は英訳するのが難しい表現ですが、メールの締めくくりとしては Best regards と Sincerely がよく使われます。

2-17

苦手なことを伝える

Argh, **I'm** really **not good at** presentations. I'm so nervous and shaky.

わ〜、プレゼン苦手だ。緊張でふるえちゃう。

I feel you,
but you've got this!
気持ちわかるよ。あなたならできるよ！
はい、コーヒー。

Tidbits!

同僚だとわかり合えることがたくさんあって心強いよね。親しい人を励ますには Don't be hard on yourself.（自分に厳しくしすぎないようにね。）や Cheer up!（元気出して！）などもおすすめだよ。

I'm not good at ~

～が苦手、得意でない

苦手な気持ちを伝えたい時、I don't like~（～は好きじゃない）は少しキツく聞こえてしまいます。そんな時に便利なのが I'm not good at ～のフレーズ。at のあとには名詞やingをつけた動名詞を。I'm not good at drawing.（絵を描くのが苦手なんだ。）のように使います。

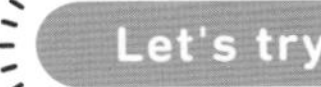

I'm super shy so I'm not very good at small talk.
私、人見知りだから、人と雑談するのが苦手なの。

Really? I always have fun talking with you.
そうなの？　私はあなたと話すととても楽しいよ。

Thank you! That makes me so happy.
ありがとう！　そう言ってもらえるとうれしいな。

You're perfectly fine just the way you are.
あなたはそのままで十分魅力的だよ。

「（扱いが）苦手」は、I'm not good with chopsticks.（箸を使うのが苦手だ。）と使おう。

関連ワード

▶フレンドリーな励ましフレーズ

- I feel you.（気持ちわかるよ）
- You've got this.（あなたならできる）
- Don't be hard on yourself.（自分に厳しくしないで）
- Cheer up.（元気出して）
- Don't sweat it.（焦らないで）
- Tomorrow is another day!（明日は明日の風が吹く）

▶「苦手」を表すフレーズ

- not good with~（〈～の扱いが〉苦手）
- not the best at~（〈そこまで〉得意ではない）
- terrible at~（～が本当に下手）
- poor at~（～が下手）
- have a hard time ~ing（～するのは難しい）
- suck at~（～がとても下手）
  *suckはスラングなので使用には注意。

2-18

したいことを伝える

I'd like to talk about our groundbreaking program.

私たちの画期的なプログラムにおいてお話ししたいと思います。

Ahh, I can't wait to get home now.
ああ、いますぐ帰りたいな。

Tidbits!

「いますぐ～したい」は、I can't wait to（～が待ちきれない）と始めるパターンのほか、I want to see you right now.（今すぐあなたに会いたい。）と、急ぐ気持ちを表す単語を文末につけるパターンもあるよ。

I'd like to ~

～したいと思います。

I'd like to は I would like to を省略したフレーズ。ネイティブの会話ではよく使われ、とくに目上の人と話す時やフォーマルな場所に適しています。I want to ~（～したいです）は場合によっては子どもっぽく聞こえてしまうため、ビジネスでは I'd like to~ がおすすめです。

Let's try!

I'd like to propose a new product at next week's meeting.
来週の会議で新商品を提案したいと思います。

Oh, what is it?
おぉ、どんなものですか？

A bed that can be used as a desk or an ironing board.
机にもアイロン台にもなるベッドです。

Whoa, that's a rather avant-garde idea, isn't it?
ほう、かなり前衛的なアイデアですね…。

「おお」などと驚いた時には「Oh!」「Wow」「Whoa」を使ってみましょう。

関連ワード

- can't wait to ~（～が待ちきれない）
- right now・right away（今すぐ）
- as soon as possible（できるだけ早く）
- wow/whoa （おお！）
- uh-huh （うんうん）
- hmmm（ふーん〈考え中〉）
- umm（えーっと）
- woohoo!（フー！〈喜んでいる時〉）
- ew（気持ち悪い・うえっ）＊崩した言い方
- out of the box（枠や常識にとらわれない）
- avant-garde（前衛的な）
- cutting edge（最前線）

2-19

質問を募る

Thank you for joining us today. **Are there any questions?**

本日はご参加いただきありがとうございました。
質問がある方はいらっしゃいますか？

Tidbits!

会議中の挙手の仕方は欧米も日本とさほど変わらないけれど、手の指先までピーンと張ると、少し子どもっぽく見られることも。拳を軽く握って人差し指を上にあげる感じにするとより自然だよ。

Are there any questions?

質問がある方はいらっしゃいますか?

プレゼンや会議の締めくくりには高頻度で使われるフレーズです。進行途中であればso far（今のところ）をつけてDo you have any questions so far?（ここまでで何か質問はありますか？）と聞くことも。親しい間柄の人には省略して Any questions? でもOK。

That's all I have for today. Are there any questions?
私の提案は以上です。質問ある方はいらっしゃいますか?

How much are you thinking for the price of the new product?
その新商品の値段はいくらぐらいを考えていますか?

We're thinking about 290,000yen.
29万円ぐらいを考えています。

Wow, that is quite a bold price.
おお、なかなか強気の価格設定ですね。

about は ～ぐらい、丁寧な言い方は approximately（約～）が使えます。

関連ワード

so far（いまのところ・ここまでで）　That's all.（〈終わりを知らせる〉以上です）

Any questions?（質問ある?）＊Do you have any questions? の省略で崩した言い方

bold（強気な・大胆な）

▶ some と any　どう使い分ける?　どちらも「何か」「いくつか」という意味がありますが、ほとんどの場合 some は肯定文、any は否定形と疑問形に使われます。

例 Do you have some questions?　×

例 Do you have any questions?　○

例 I have some questions.　○

2-20

相手をなぐさめる

You're too **hard on yourself.**

自分に厳しすぎるよ。

Tidbits!

大きな仕事や試験のあとは悲喜こもごも。自信がなければ I'm not confident I did well.（よくできた自信がないなぁ。）なども使えるよ。手ごたえを感じたら I aced it!（バッチリだ！）もおすすめ。

Key phrase

hard on yourself.

気にしすぎないで・自分に厳しすぎる

悩んでいたり、落ち込んでいたり…そんな人に優しく声をかけたい時に使えるフレーズです。What's wrong?(どうしたの？）やLet me know if you want to talk.(話したいことがあったら連絡してね。）などのフレーズもプラスすると会話が深まりますよ。

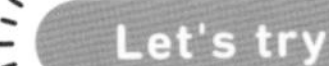

Let's try!

The mock test we took was difficult. I'm anxious now.
模擬テスト、難しくて不安になっちゃった。

What was your score?
何点取れたの?

98 out of 100.
98点。

Don't you think you're too hard on yourself? I only got 60?!
自分に厳しすぎ！　私60点だったんだけど!?

Don't you think ~ は「～じゃない？」と相手に同意を求める時に使うフレーズです。

関連ワード

do well（うまくやる）

否定形の not do well は「うまくできない」の意味になります。

confident（自信がある）

I aced it.（バッチリだ）

I nailed it.（うまくやったぜ）

You killed it!（よくやったね！）

相手にかける言葉でカジュアルな言い方です。

Let me know if ~（～したら連絡をください）

What's eating you?（どうしたの?）

What's wrong?（どうしたの?）

○ out of 100（100点満点中○点）

2-21

頭の疲れを表現する

My **brain is fried.** I need a break from the PC.

頭がパンクしそう。いったんパソコンから離れよう。

I'm hungry.
お腹すいた。
I don't want to do anything.
なんもしとうない。
I just want to continue watching the TV series.
早くドラマの続きが見たい。
We have to work overtime today... as usual.
今日も残業だね…いつものことだけど。
ぐぬぬ…

Tidbits!

do overtime か work overtime で「残業をする」というフレーズになるよ。ちなみに定時退社は leave work on time（時間通りに会社を出る、の意から）。Let's aim to leave work on time!（目指せ定時退社！）

brain is fried

頭がパンクした・へとへとだ

覚えることややることが多すぎて頭がパンクしそうな時に使う、英語ならではの面白い表現です。さらに限界で涙があふれ出そうな時は、I'm overwhelmed with everything.（すべてに参ってるよ。）と言って大変な状況を周りにわかってもらうのもいいかも。

My brain is fried looking at the numbers on this document!
資料の数字ばかり見てたら頭がパンクしちゃう！

Aww. Shall I make you some coffee?
お疲れさま。コーヒーでも入れようか？

Thanks. What are your plans later?
ありがとう。あなたのこれからの予定は？

Dealing with complaints as usual. I'm beat.
いつも通りのクレーム対応よ。もうへとへと。

as usual はいつも通りに繰り返し何かが起こる時によく使われるフレーズです。

関連ワード

- break（休憩）
- overtime（残業）
- as usual（いつも通り）
- on time（時間通り・定時）
- almost always（ほぼいつも）
- almost never（ほどんどない）
- leave work（退社）

▶ 頭が疲れた時に使えるフレーズ

- head is going to explode（頭が爆発しそう）
- overwhelmed（圧倒される・参っている）

2-22

迎えに行く

My boyfriend is **picking** me **up** at 10 o'clock on the dot.

10時ちょうどに彼氏が車で迎えに来てくれるんだ。

What time are you going home?
何時に帰るの？
お先に～
わたしも早く帰りたい…

Tidbits!

乗り物で迎えに来てもらいたい時は、Can you pick me up at the station？（駅まで迎えに来てくれない？）のように伝えて。徒歩で来てもらうならLet's meet at ○○（場所）と言って待ち合わせよう。

Key phrase

pick up

拾う・迎えに行く・受け取る

「拾う」のほか、「迎えに行く」のフレーズにも使われるpick up。さらに、She is going to pick up a package at the post office.(彼女は郵便局へ荷物を取りに行く。)といった使い方もあります。反対語はdrop off。「車から降ろす」、「返しに行く」などの意味で使われます。

Could you pick up a package addressed to me?
私宛の荷物を受け取って来てくれない?

Sure. What did you get?
了解。何が届いてるの?

A facial machine I ordered online.
ネットで注文した美顔器だよ。

Yeah, it's easier to receive them if they're sent to the office.
会社に送ってもらう方が受け取りやすいもんね。

ネットでの買い物はnet shoppingではなくonline shoppingと表現します。

関連ワード

drop off at ~ (~まで送っていく・~で降ろす)	box (箱)
see off (見送る)	letter (手紙)
○○ on the dot (○○時ちょうど)	envelope (封筒)
meet up at ~ (~で待ち合わせる)	online order (ネット注文)
package (小荷物・パッケージ)	online shopping (ネット通販)

Column 2

ネイティブに学ぶ！

日本語のあのワード、英語では何て言う？

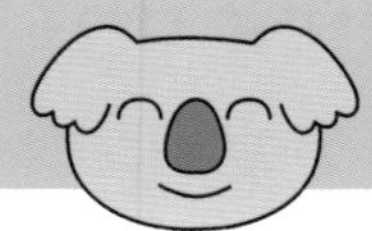

日本語で気軽に使う話し言葉やトレンドワード。それを英語で伝えるとなると、同様のニュアンスを持つ言葉を見つけるのは意外と難しいもの。ここではそんな言葉の英訳集をご紹介。よく使う言葉がどんな感じになるのかチェックしてみてくださいね。

面倒くさい

ちょっと面倒ですね（丁寧）

It's a pain.

※何かをしなくてはいけない時の「面倒くさい」です。ちなみに「面倒くさい人」を表す時には She is troublesome.（彼女は面倒くさい）のように表現します。

えー、面倒くさい（カジュアル）

Such a hassle.

めんどくさ！（親密な間柄で使う）

So annoying.

だるっ！（乱暴気味）

Argh!

※もはや単語ではなく面倒くささ、ちょっとした怒りを嘆きで表します。読みは「あ゛！」

エモい　emotional

※心を動かされるというニュアンスです。

例 This song makes me feel so emotional.（この曲聞いたら感情的になっちゃうんだよね。）

うざい　annoying

例 He is annoying. I don't want him talking to me.（彼はうざい。話しかけないでほしい。）

尊い　Aww

※読みは「お」の口で「あ」を発音するイメージ。
「キュン」とする感覚を指す、とてもカジュアルな表現です。

例 Aww, the baby's smile is so cute!（尊い…赤ちゃんの笑顔、可愛すぎる！）

萌え　cuteness overload

※「萌え」をそのまま英訳できる言葉はないものの、可愛すぎて愛があふれるニュアンスを表現できるフレーズです。

例 Cuteness overload! I'm glad I came to the concert.（萌え〜！コンサートに来て本当によかった。）

推し　big fan of 〜

例 Who are you a big fan of?（あなたは誰推しなの？）

キモい　Ew

※汚い物・気持ち悪い物を見た時に反射的に出る言葉。発音は「イゥ」。

例 Ew! You need to wash the dishes now!（キモい！すぐにお皿洗った方がいいよ！）

CHAPTER

3

おうちでぐーたら編

3-01

気持ちを切り替える

Even though it's a holiday, I'm sleeping way too much. I think **it's time** to get up....

休日とはいえ、寝すぎだなぁ。そろそろ起きないと…。

Or I could just go back to bed.
いや、もうひと眠りしちゃおうかな。

チョコレート
ポテチ

Tidbits!

熟睡できたら、I had a good sleep.(グッスリとよく寝た。)、そうでなければ、I'm not getting enough sleep.(寝不足なんだ。) と言ってみよう。ちなみに「二度寝」は go (またはfall) back to sleepと表現するよ。

It's time ~

～する時(時間)だ。

時計を見てハッとした時や、日本語で「さぁ、～するか」と気持ちや行動の切り替えをしたい時によく使われるフレーズです。似た意味合いを持つフレーズに、It's about time ~（やっと～の時間だ。）、It's almost time ~（もうすぐ～の時間だ。）があります。

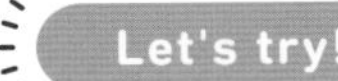

What am I going to do, I overslept!
どうしよう、寝坊しちゃった！

Isn't it time you went to work?
そろそろ出勤する時間じゃない？

I know, but I have to fix my bed head.
そうなんだけど、寝ぐせ直さなくちゃ～。

It would be so easy if you had a haircut like mine.
僕みたいな髪型にすれば楽ちんなのに。

It's time ~ に続く動詞を過去形にすると急かしているニュアンスになります。

関連ワード

- take a nap（昼寝をする）
- good sleep（熟睡）
- sleep like a baby（よく寝た）
- sleep deprived（睡眠不足）
- not enough sleep (lack of sleep)（寝足りない）
- go（またはfall）back to sleep（二度寝）
- sleepyhead（寝坊助さん）
- doze off（うたた寝）
- overslept（寝坊）
- bed head（寝ぐせ）
- get going（そろそろ行く）

3-02

ポジティブに今日を過ごす

It's raining but **it's a perfect day** to chill out at home.

今日は雨が降っているけど家でゴロゴロするには完璧の日だ。

Tidbits!

chill out は「ゴロゴロする」を表すスラング。relaxは日本語と同じ意味合いで使うよ。ダラダラとテレビを観て何もしていない様子は冗談で couch potato（ソファーに乗ったじゃがいも）と呼ばれることも。

It's a perfect day ~

今日は〜日和だ。

ポジティブな話をする際に使いたいフレーズ。似た表現の、What a day!(なんて日だ！）はネガティブとポジティブの両方の気持ちを表す際に使えます。 仕事で大変だった日は、What a day! I need a drink.（なんて日だ！ 1杯飲みたいぜ。）と言ってみてもいいかも。

Let's try!

What a day! It's a perfect day to do laundry.
なんていい天気！ 今日は洗濯日和だね。

The washing machine has been running full blast.
洗濯機がフル稼働だよ。

How long haven't you washed your clothes?
そんなに洗濯してなかったの？

A month.
うん、1カ月ぶりなんだ。

「フル稼働」は full blast または full power と言います。

関連ワード

▶ chill out はとても便利なフレーズ！

chill out はネイティブが日常的に使うフレーズで、「ゴロゴロする」の意味以外にも Chill out!（落ち着いて！）と相手の怒りをなだめたり、I'm just chilling out with my friends.（友達と遊んでるだけだよ）と特に大きな予定はなくのんびり遊んでいる時にも使えます。

- do nothing（まったりする）
- relax（リラックスする）
- couch potato（なまけもの〈直訳：ソファに座ったじゃがいも〉）
- lazy（なまけもの・面倒くさがり）
- washing machine（洗濯機）
- air conditioner（AC）（エアコン）
- What a day!（なんて日だ！）

3-03

予期や決めごとを表現する

It's supposed to be sunny tomorrow. I should go running.

明日は晴れるはず。ランニングでもしようかな。

Are you being serious?
本当にそう思ってるのかな～？

Tidbits!

「ランニング」「ジョギング」は英語でもそのままrunning、jogging と言うよ。また、Do you want to go for a run?（一緒にジョギング行かない？）のように、for a runの表現もよく使われるよ。

Key phrase

be supposed to ~

～するはず

予期していることや決めごとを表すフレーズ。未来の話はIt is supposed to rain tomorrow.（明日は雨が降るはずだよ。）、過去の後悔はI was supposed to buy laundry soap at the drug store！（薬局で洗濯洗剤買うはずだったのに！）と過去形のbe動詞を使います。

Another hearty meal today!
今日もボリューム満点のご飯だね！

It's not as much as yesterday, you know?
きのうよりは少なめだよ？

Really? Did you start to go on a diet?
本当？　ダイエット始めたの？

Absolutely. This diet method is supposed to work wonders.
そうだよ。このダイエット法は効き目抜群のはず！

work wonders は「驚くほどの効果が出る」「奇跡を起こす」の意味で使われます。

関連ワード

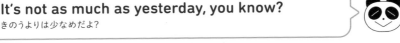

hearty meal（ボリューム満点なご飯）
For real?（本当に?）＊くだけた言い方
go on a diet（ダイエットをする）
go for a run（ランニングする）
go for a walk（散歩する）
jogging（ジョギング）
walking（ウォーキング）
fast walk（早歩き）
not as much as ~（～ほどない）
fit/lean（健康的な体系）
muscular（マッチョ）
buff（マッチョ）＊スラング
slim（細い・痩せている）
skinny（ガリガリ〈の体型〉）＊褒め言葉ではない

3-04

積み重ねる

My goal for this weekend is to fold my **piled up** laundry.

今週末の目標は、たまった洗濯物をたたむこと。

Tidbits!

衣類の片付けといえば、衣替えも大仕事。「衣替え」は put away（しまう）、bring out（取り出す）の言葉で表すよ。We have to put away our winter clothes.（冬服をしまわないとね。）のように使って。

Key phrase

pile up

積み重ねる

英語で「積み重ねる・積み上げる」を表すフレーズは複数あり、pile up はどちらかというと乱雑に積み重なった状態を指します。他に、stack up はきれいに積み上げること、build up は名声や信頼といった物理的に見えないものを築き上げていく時に使います。

Let's try!

Your books are piling up. Are you even reading them?
こんなに本が積んであるけど全部読んでるの？

I'm going to read them now.
これから読むのよ。

You have two of the same book.
同じのが2冊あるよ。

I forgot I bought the same one before.
それは前に買ったことを忘れてまた買っちゃったの。

同じ物が２つある時は two of the same cup（同じコップが２つ）のように使おう。

関連ワード

- healthy lifestyle（良い生活習慣）
- unhealthy lifestyle（悪い生活習慣）
- habit（習慣・癖）
- put away（しまう）
- spring cleaning（大掃除）
- bring out（取り出す）
- stack up（積み重ねる）＊きれいに積み上げている時
- build up（蓄積する）＊経験など目に見えない物に
- ○○ of the same ~（同じ～が○○つ・個・枚）

1年に1回やってくる大掃除という大イベント。欧米でも年末の掃除は来たる春に備えておこなうことからspring cleaningと言いますが、春だけに限らず大掃除はすべてこの言葉で表現します。

3-05

予定を話す

I think I will just chill and watch Netflix today.

今日はゴロゴロと Netflix でも見ようかな。

The new season just started!
あの新シーズン始まってたはず！
1日3分
筋トレ

Tidbits!

おなじみの「サブスク」は subscription、「Netflix のサブスクに入ってるんだ」は I'm subscribed to Netflix. と言うよ。1000yen per month（月額1000円）、live streaming（ライブ配信）なども覚えておこう。

Key phrase

I think I will ~

～するつもり・～するかも

I will は80%ぐらいの確率で実現する未来の予定に使います。日時が決まっていて確実に実行する時は I'm going to ~ を。例えば I think I will buy a car. は車は買うけれど時期は未定の状態。対して I'm going to buy a car. は車を買うことが決定している時の表現です。

Have you seen the new TV series yet?
ドラマの新作はもう見たの？

I have. The lead actor was so cool!
見たよ。主役の俳優さんがすごくかっこよかった！

He's very popular right now.
彼は今大人気だよ。

I think I will audition too.
僕もオーディションを受けるつもりだよ。

テレビのドラマを指す時はシリーズものは TV series または TV drama と言います。

関連ワード

- streaming service（配信サービス）
- subscription（サブスク）
- sign up（登録する）
- ~ per month（月額～）
- new release（新作）
- coming soon（近日公開）
- live streaming（ライブ配信）
- I'm going to ~（〈確実に〉～します）
- TV series・TV drama（テレビドラマ）
- drama（ドラマ）
  *コメディーやホラーのようなジャンルのひとつ

3-06

休憩する

I'm going to **take a break.** I've been playing this game for 12 hours straight.

休憩しよ。もう 12 時間もぶっ続けでゲームしてる。

It's almost time for dinner.
そろそろごはんの時間だよ。

Tidbits!

ゲームはすぐに時間が経ってしまうもの。「ゲームしすぎ！」と誰かに注意したい時は Don't play too much！と伝えて。「ゲームは1日2時間まで」などの時間制限は 2 hours per day と表現しよう。

Key phrase

take a break

休憩する

ひと休みする時に使います。Let's take a break in 15 minutes.（15分後に休憩しよう。）と休憩を提案する時にも使えます。いったんその場を離れる時は I'll be right back.（すぐ戻るよ。）とひと声かけましょう。ネット用語では BRB（be right back）と略されることも。

I'm tired after doing laundry.
洗濯したら疲れちゃった。

You have to do the dishes too.
お皿洗いもやらなきゃ。

Nah, let me take a break first.
いや、とりあえず1回休憩する。

What?! You just woke up from a nap!
え？　さっきお昼寝から起きたばかりなのに!?

「とりあえず」「まず」「先に」はすべて first で表すことができます。

関連ワード

- hungry（お腹すいた）
- starving（お腹ペコペコ）＊hungryよりも空腹度が高い
- concentrate/focus（集中する）
- be right back（すぐ戻る）＊略して「BRB」
- got to go（そろそろ行かなきゃ）＊略して「GTG」
- do the dishes（皿洗いをする）
- do laundry（洗濯する）
- chore（家事・雑用）
- nap（昼寝）
- Nah（いやぁ）＊No の崩した言い方

疑問を投げかける

I wonder where my phone went. I feel like I'm always looking for it....

スマホどこいったかなぁ。なんかいつも探している気がする…。

Tidbits!

物をなくした時は、be looking for～（～を探す）を使って I'm looking for a watch I dropped.（落とした時計を探しています。）のように表現するよ。search（探す）はネット検索する場合などに使おう。

Key phrase

I wonder ~

～かな

I wonder ~ は軽い疑問を投げかける時の頻出フレーズで、ひとり言を言う際にも使えます。I wonder how ～、I wonder what～、I wonder who ～のように、フレーズの後に5W1Hを続けることで、たくさんのアレンジ表現ができるようになるので覚えておくと便利です。

Let's try!

I wonder if I should change up my look.
ちょっとイメチェンしてみようかな?

I could start by getting a haircut.
やっぱり髪型から変えてみようかな?

Wearing glasses isn't a bad idea either.
メガネをかけてみるのも悪くないな?

You have been talking to yourself for a while now.
さっきからずっとひとり言言ってる…。

「イメチェン（イメージチェンジ）」は和製英語。英語では change up look で表現。

関連ワード

- lost and found（落とし物預り所）
- look for（探す）
- search（探す・捜索する・検索する）
- can't find ~（～が見つからない）
- talk to oneself（ひとり言を言う）

▶ 5W1Hを使って会話の幅を広げてみよう。

- I wonder what ~（何が・どんな感じ～かな）
- I wonder when ~（いつ～かな）
- I wonder where ~（どこ～かな）
- I wonder who ~（誰が～かな）
- I wonder why ~（なぜ～かな）
- I wonder how ~（どうやって～かな）

3-08

仕方がないと納得する

Oh well, I can start my diet tomorrow.

まあいいや、ダイエットは明日から。

あ〜〜〜ん
Apparently donuts have zero calories.
ドーナツは 0 キロカロリーらしいし。

Tidbits!

「カロリーが高い」は a lot of calories または high in calories。「糖質制限ダイエット」は、low-carb diet。I'm going on a low-carb diet from today!（今日から糖質制限ダイエット始めるぞ！）と使って。

Key phrase

Oh well

まぁいいや・仕方がない

使いやすいフレーズで、同義の表現に It can't be helped. や、Whatever.（まぁいいや。）、Who cares?（仕方がない。）なども。Whatever, you won't understand no matter how many times I explain it.（まぁいいや、何回説明してもわかってくれないもんね。）と使って。

Let's try!

Huh? I gained three kilograms.
あれ？ 体重が3キロ増えてるなぁ。

Maybe it's because you eat a lot of snacks.
おやつたくさん食べたからじゃない？

Oh well, it's important to get nutrition.
まぁいいや、栄養をとることも大事だからね。

I wonder when your diet will begin.
ダイエットはいつになることやら。

体重は、I gained weight.（体重が増えた。）、She lost weight.（彼女は痩せた。）と使って。

関連ワード

apparently ~（～らしいよ）

low-carb diet（糖質制限ダイエット）

low-fat diet（脂質制限ダイエット）

fasting（断食）

high in calories（高カロリー）

low in calories（低カロリー）

munch（ぼりぼり食べる）＊くだけた言い方

gain weight（体重が増える・太った）

lose weight（体重が減る・痩せた）

not anytime soon（しばらく～ない・先になりそう）

Whatever.（まぁいいや）＊くだけた言い方

Who cares?（仕方がない・どうでもいいよ）＊くだけた言い方

3-09

体を鍛える・トレーニングをする

I feel great since I started **working out** at the gym once a month.

月１回ジムでトレーニングを始めてから、体の調子がいいなあ！

Tidbits!

体調は感情と同じく feel~ を使って表現するよ。体調不良の時は I feel under the weather、回復した時には I feel better! 。体調が悪そうな人には Take care!（体に気をつけてね！）と声をかけて。

Key phrase

work out

体を鍛える・トレーニングをする

体を鍛える時のおなじみのフレーズ。work out は複数の意味を持つ熟語でもあり、Don't worry, everything will work out fine.（心配しないで、すべてうまくいくよ。）のように「成功する・うまくいく」の意味で使うほか、「考えを練りだす」の意味合いで使うことも。

Let's try!

So, I've recently realized something.
僕は最近気がついたよ。

What is it?
何に気がついたの？

You have to not only work out your body, but also your mind.
体を鍛えるだけでなく、心も鍛えなきゃいけないってことにね。

What's wrong, it's not like you, Panda!
どうしたの、ぱんだくんらしくないよ!?

文頭の So, は日本語でいう「えー、」のように、口語の表現としてよく使われます。

関連ワード

- feel ~（〜と感じる）*体調や感情についての表現
- under the weather（〈気分・体調が〉優れない）
- better（回復した）
- terrible（最悪）
- sluggish（だるい）
- sick（吐き気）
- queasy（気持ち悪い・胃がムカムカする）
- stiff（〈体が〉こわばっている・〈肩が〉こっている）
- not only ~ but also …（〜だけでなく…も）
- to train the body and mind（心身を鍛える）
- mentally strong（メンタルが強い）

3-10

思い出す

That reminds me! I need to go to the post office.

思い出した！郵便局へ行かないと。

Tidbits!

荷物の着払いはcash on delivery（CODと略したり、payment on delivery と表記されることも）と言うよ。Can I ship from a convenience store?（コンビニから発送できますか？）のようなフレーズもおさえよう。

That reminds me

それで思い出した・そういえば

話を切り替えたり思い出したりした時によく使われるフレーズ。よく知られる By the way も同様に使えます。他にも Speaking of を用いて Speaking of post office, I have to ship a parcel to Canada. (郵便局で思い出したけど、カナダに荷物を発送しなきゃ。)のような表現も。

That reminds me, what happened to that story?
そういえば、あの話どうなった?

What story?
あの話って?

The story of your love at first sight for Uoko.
君がうお子ちゃんに一目惚れした話。

We've never talked about it!
そんな話1回もしてないよ!?

「何の話？」と理解がしにくいものを聞き返す時は What do you mean? を使って。

関連ワード

- By the way（そういえば）＊カジュアル
- Speaking of ~（それで思い出した～）
- Now that you mention it ~（そういえば・それで思い出したんだけど～）＊ビジネスシーンで
- pick up（集荷する、ピックアップする）
- come pick up（集荷しに来る）
- parcel（小包み、配送用の荷物）
- luggage（手荷物）
- cash on delivery（着払い）＊略して「COD」
- prepaid（元払い〈送り主が送料を払うこと〉）
- luggage pick-up service（集荷サービス）
- delivery（配達・配送）
- ship（発送する）

3-11

足りないものについて話す

I **don't** have **enough** money to buy any clothes. I'm broke this month.

服を買うお金が足りないなぁ。今月は金欠だ。

Tidbits!

“金欠”の月はやむを得ずsave money（貯金する・節約する）の生活も…。節約にまつわるものにはほかに I need to cut back on my spending.（節約しないとなぁ。）のような表現もあるよ。

Key phrase

not enough

十分にない・足りない

not enough は物事や状況が不十分な時に使います。飲み物の熱さが足りなければ、This drink is not hot enough.（この飲み物はぬるいね。）と言います。too much（多すぎる）と less（減らす）は量を、too many（ありすぎる）と fewer（より少なく）は数えられる物を指します。

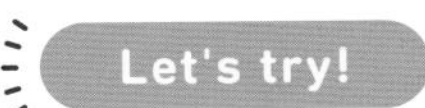

What are you making?
何を作ってるの？

Biscuits. But I don't have enough sugar.
ビスケット。でも、お砂糖が足りないんだ。

How about using maple syrup instead?
じゃあ代わりにメープルシロップを使うのはどう？

That's a great idea! I'm sure it will be delicious!
それはいいアイデア！　おいしいのができそう！

物を代用したり人が代わりになったりする時は instead か as a substitute を文末に。

関連ワード

▶量や数のボリュームを表現する言葉

enough（十分にある）　not enough（十分にない）　too much（〈量が〉多すぎる）

too many（〈数が〉ありすぎる）　fewer（〈数を〉より少なく）　less（〈量を〉減らす）

save money（貯金する・節約する）

cut back on one's spending（節約する）

instead（代わりに）

as a substitute（代わりとして）

payday（給料日）*payment date を短くしたカジュアルな表現

bonus（ボーナス）

3-12

おっくうに感じる

It's **a pain** to walk to the bath. If only the bath came to me.

お風呂に行くの面倒くさいなぁ。お風呂が来てくれればいいんだけど。

Tidbits!

欧米では朝風呂派・シャワー派が多いけれど、最近では日本の温泉や銭湯を楽しむ人も増加中。ちなみに、日本で定着した「サウナでととのう」ことを、英語では revitalize with sauna と言うよ。

~ is a pain

～はおっくうだ・面倒くさい

おっくうさを表現したい時に使える熟語で、It's a pain to walk my dog in the rain.（雨の日の犬の散歩はおっくうだなぁ。）のように使います。同義の崩した言い方には ~ is a drag も。また、形容詞の lazy（面倒くさい）はどちらかというとなまけものが使うニュアンスが強いです。

What's for dinner tonight?
今日の夕ごはんは何？

I'm making stew. I should go grocery shopping.
シチューにするよ。材料の買い出しに行かなくちゃ。

You better get going or the store will close.
早くしないとお店閉まっちゃうよ？

Carrots, onions...Argh! It's a pain to go shopping.
にんじんと玉ねぎと…買い出しに行くの面倒くさくなってきちゃった。

スーパーへの買い出しは go grocery shopping という言い方がよく使われます。

関連ワード

- take a shower（シャワーを浴びる）
- take a bath（お風呂に入る）
- lazy（面倒くさい・面倒くさがり・なまけもの）
- ~ is a drag（～が面倒くさい・おっくうだ）＊くだけた言い方
- If only ~（～さえすれば）
- You better ~（～したほうがいいよ）
- get going（そろそろ行く）
- grocery shopping（買い出し）
- making（調理する）＊cookingと同様の使い方ができます

3-13

モヤモヤした感情を表す

There **are** so many **annoying** steps in taking a bath, but I do understand that it's important.

お風呂にはたくさんの面倒くさいポイントがある。でも入った方がいいのはわかってるよ。

めんどくさポイント
①立ち上がる
→
②用意
→
③服を脱ぐ
→
④濡れる
→
⑤洗う
→
⑥ふく
→
⑦服を着る
→
⑧保湿

Tidbits!

英語では衣類を「着る」「履く」「かぶる」動作やアクセサリー等を身に付ける動作は、一般的に wear で表現。また button my shirt（シャツのボタンを留める）のように、ボタンは動詞としても使われるよ。

~ is annoying

〜は面倒くさい・うっとうしい・うるさい…など

ネイティブが頻繁に使う言葉の上位に入ると思われる annoying。「面倒くさい」「うっとうしい」だけでなく、英訳が難しい「うるさい」「困った」「仕方がない」「悔しい」「迷惑」などのモヤモヤした気持ちを表す日本語はほぼすべて annoying で通じます。

Let's try!

Why is your skin so smooth?
どうしてそんなに肌がキレイなの？

I take a bath every day unlike someone... .
誰かさんと違って毎日お風呂に入ってるから…。

You're so annoying. I wash my face every day.
うるさいな〜。顔は毎日洗ってるよ。

Okay. I'll give you some of the face packs I use next time.
わかったよ。今度私が使ってるパック何枚かあげるね。

annoying は言い方で印象が変わる言葉。笑いながら言うとツッコミのようにも。

関連ワード

▶ wear は「着る」「履く」「かぶる」「つける」にすべて使える動詞！

wear は洋服という意味にはならないので注意が必要です。単体で使う場合は「着る」「履く」「かぶる」「つける」といった動詞になります。名詞として使う場合は、outerwear、underwear など単語と組み合わせて使いましょう。

put on（着る・履く・かぶる・つける）＊wearと同義

take off（脱ぐ・はずす）

button（ボタン・ボタンを留める）

unlike ~（〜と違って）

troubled（困った）

troublesome（やっかいな・面倒な・迷惑な）

3-14

以前からの願望を話す

My skin is irritated these days. **I've always wanted to** try this face pack.

最近肌の調子が悪いんだよね。このパックずっとしてみたかったんだ。

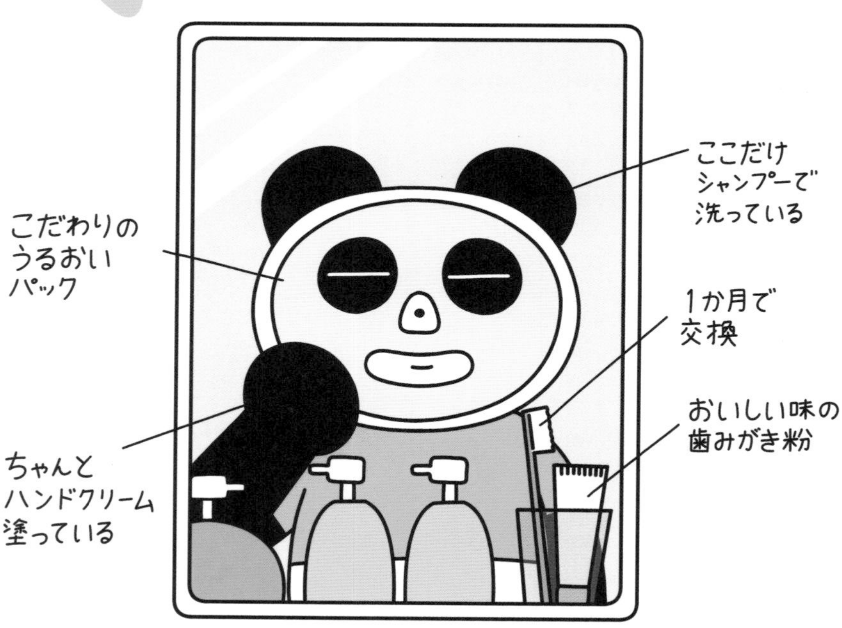

Tidbits!

日本語ほど擬音の数がない英語でお肌の調子を表す際には、smooth(すべすべ)、soft(もちもち)、rough skin(ガサガサ)、がニュアンス的に近いよ。ちなみに肌荒れはMy skin is irritated.と表現して。

Key phrase

I've always wanted to ~

ずっと～したかった

いろいろな動詞の原形をつけることで、ずっとしてみたかったことを伝えるフレーズです。toを省いてI've always wanted ~ とすると、I've always wanted a luxury car.（ずっと高級車がほしかったんだ。）のように、「ずっと～がほしかった」という違う意味になるので注意。

I got tickets to the concert!
ライブのチケット取れたよ！

I've always wanted to go to a live performance of "Pancha Go Go"!
「パンチャゴーゴー」のライブ、ずっと行ってみたかったんだ！

For real?! That's great.
本当！？　良かったねぇ。

I wonder if they will sing my favorite song.
お気に入りの曲、歌ってくれるかな～？

歌のライブはconcert、生のパフォーマンス全体はlive performanceと言います。

関連ワード

▶肌の調子を表すいろいろな形容詞

irritated（荒れている）

smooth（すべすべ）

rough（ガサガサ）

soft（もちもち）

dry（カサカサ）

I've always wanted ~（ずっと～がほしかった）

I've been waiting to ~（ずっと～したかった）

For real?!（本当に!?・マジで!?）*スラング

concert（コンサート・ライブ）

live performance（生のライブ）

3-15

用事をすませる

I'm so proud of myself for **running errands** today! I'm going to pat myself on the back.

今日はいろんな用事をこなして、えらい！自画自賛しちゃお。

Finally! We were starving!
やっと！お腹すいてたよー！
おまたせ～
FISH FOOD

Tidbits!

pat myself on the back は直訳で自分の背中を「よくやった！」とポンポンするフレーズ。文末に if I say so myself（我ながらに・自分で言うのもなんだが）をつけて自分を褒めてみてもいいね。

Key phrase

run errands

用事をすませる

たくさんの用事をこなす時に使えるフレーズです。似た表現に get things done（用事をすませる）もあります。things は伝えることに重要性がない、または小さすぎる「物事」のこと。さらに崩した「物事」は stuff と表現します。

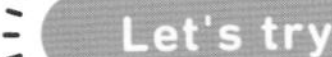

Let's try!

I have to run some errands and get home quickly!
用事をすませて早く帰らなきゃ。

Why is that?
どうしたの？

My "Pancha Go Go" goodies are arriving this afternoon.
午後に「パンチャゴーゴー」のグッズが届くんだ。

That's got to be exciting!
それは楽しみね！

Why is that? はネイティブによく使われる聞き返しの質問フレーズです。

関連ワード

be proud of ~（～を誇りに思う）

get done（〈用事・仕事・タスクなどを〉すませる）

How come?（どうしたの?）
*Why is that? より少しカジュアル

▶「はやい」を表す英単語はこう使い分けよう

quickly（スピードの「速く」）

soon（「もうすぐ」という意味に近い）

early（午前6時など「早い」時間帯を指す）

fast（「速度」が速い）

「スピーディー」は英語も同様に「急速な・きびきびとした」という意味で使うことができます。speedy reply（即答）、speedy recovery（急速な回復）のように使ってみましょう。

3-16

もったいなく思う

I've spent 6 hours on YouTube. What a **waste of** time.

6 時間も YouTube に費やしちゃった。時間の無駄だなぁ。

Tidbits!

お金や時間、労力を費やすことを spend money（time／energy）と言うよ。I spent too much money on the new edition bag!（新作バッグにお金を使いすぎちゃった！）のような言い回しもマスターしておこう。

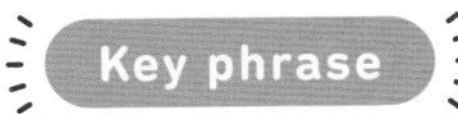

waste of ~

～がもったいない

waste of ~ には「もったいない」から発展して「(～がもったいないから) 面倒くさい」という意味の熟語として使われることも。その場合は It's a waste of time to take a bath.（時間がもったいないからお風呂に入るのが面倒くさい）のように使います。

Isn't it time the bath is ready?
そろそろお風呂沸いたんじゃない？

Oh no! I totally forgot!
あー！　忘れてた！

The bath is overflowing, what a waste of water... .
お湯あふれちゃったよ～もったいない…。

I'll get in the bath slowly so it doesn't spill out!
こぼれないようにそーっと浸かるから！

I totally forgot! の totally は「完全に」「すっかり」という意味を持ちます。

関連ワード

▶ 疑問文のフレーズはこうして使い分けよう

Isn't it ~?（～じゃない?）　Don't you think ~?（～だと思わない?）

否定形で始まる疑問文はある程度答えが分かっていて確認をしたい時に使います。肯定の疑問文は答えを知らない状態の時に使います。

例 Don't you think he is hiding something?（彼は何か隠してると思わない?）

例 Do you think he is hiding something?（彼は何か隠してるのかな?）

3-17

助言する

Brushing my teeth is tedious, but I'd **better** do it. It's time to get a regular checkup soon.

歯磨きは面倒くさいけど、絶対した方がいいね。
そろそろ定期検診にも行かなきゃ。

Tidbits!

海外の歯医者さんに行くなら、cavity（虫歯）、sore tooth（歯痛）、front・back teeth（前・奥歯）などの名称を覚えておこう。ちなみに「親知らず」は wisdom tooth（直訳：賢い歯）と呼ばれているよ。

Key phrase

had better ~

～した方が良い、～すべき

「～をしなければ問題が起こるかもしれない」と忠告するニュアンスのhad better は、have to や should よりも強めの助言になります。You'd better visit the doctor if you have terrible migraines.（片頭痛がひどいなら病院行った方がいいよ。）のように使ってみましょう。

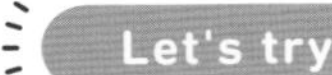

I can't see well with my glasses lately....
最近メガネが見えづらくなってきて…

You'd better buy new ones soon.
そろそろ買い替えたほうがいいんじゃない?

You're right. I should visit the optician this weekend.
そうだね、週末にメガネ屋さんに行ってみるよ。

Maybe I can get cool fake glasses too.
ぼくもかっこいい伊達メガネ買おうかな?

専門科や病院に行く時は visit ~（～を訪れる）を使います。

関連ワード

tedious（面倒くさい・つまらない）

regular checkup（定期検診）

brush teeth（歯磨き）

rinse mouth（口をゆすぐ）

gargle（うがい）

toothbrush（歯ブラシ）

visit the doctor
（体の調子が悪く、医者に診てもらう）

go to the hospital（深刻なケガや病気を診てもらう）

軽い症状や定期検診で病院に行く時にはこの表現は使わず、visit the doctor で表します。

3-18

時間や遅れを取り戻す

This week was busy. I hope I can **catch up** on my sleep over the weekend.

今週は忙しかったなぁ。週末に睡眠時間を取り戻せるといいんだけど。

Tidbits!

catch up には実は「はかどる」の意味もあり、I catch up on my reading on long weekends.（３連休は読書がはかどります。）のように使えるよ。さっそく使ってみてね。

catch up

取り返す・遅れを取り戻す・追いつく

catch upには複数の意味があり、とても使い勝手がいいので覚えておくと便利。「(人) に追いつく」または「(誰々) に追いつく」と言う時は後にwithをつけて、Go ahead. I'll catch up with you later. (先に行っててください。後で追いつきます。) のように使います。

Let's try!

What TV series are you watching?
何のドラマを観てるの?

It's "Mr. Koala's Case Files". I need to catch up on the latest season.
「ミスターコアラの事件簿」だよ。最新のシーズンに追いつかないと。

Is it interesting?
面白い?

Not really...actually, I'm not a fan of true-crime.
あんまり…実は犯罪ドキュメンタリーは苦手なんだ。

not a fan of ~ は相手を傷つけずに苦手なものを丁寧に伝えるフレーズです。

関連ワード

- 9-to-5 (9時～17時の規則的な仕事を表すイディオム)
  ＊I work a 9-to-5 job. という使い方をします。
- long weekend (〈週末を含めた〉連休)
- five-day week (週休2日)
- day off (休日)
- 9 day holiday (9連休)
- latest (最新の)
- not a fan of ~ (～が苦手です)
- not into ~ (～に興味がない) ＊崩した言い方
- not really ~ (あまり～でない)

Column 3

料理や洗濯以外にもやることはたくさん!

“名もなき家事”のフレーズ10

誰もが“あるある”な家事にまつわるフレーズ、さっそく今日から取り入れてみてくださいね。

1 **レンジでチンして食べてね。**
→ You can heat it up in the microwave and eat it.

2 **鶏肉を冷凍庫から出して解凍しておいてくれる?**
→ Can you take the chicken out of the freezer and let it thaw?

3 **洗ったお皿、食器棚に戻しておいてくれる?**
→ Can you put the washed dishes back in the cupboard?

4 **今日はシンクの水垢掃除をしよう。**
→ Let me scrub the scale off the sink today. ※「scrub」はゴシゴシ磨く掃除です

5 **明日は燃やせるゴミの日だからゴミをまとめなくちゃ。**
→ Tomorrow is burnable garbage day so I need to gather the garbage.
※国によってはゴミを「trash」「rubbish」と呼びます。

6 **シャンプー買ってきてくれる? 詰め替え用ね。**
→ Could you buy some shampoo? The refill one.
※one は「～のやつ」「～用の」という意味です。

7 **おしゃれ着は洗濯ネットに入れておいて!**
→ Please use a laundry net for fancy clothes!

8 **リモコンの電池買っておかないと。**
→ I need to buy batteries for the remote (control).
※「リモコン」は「remote」のみでも使えます。

9 **トイレットペーパー変えといたよ。**
→ I changed the toilet paper.

10 **トイレをちゃんと流してって言ったじゃん!**
→ I told you to flush the toilet!

CHAPTER

4

友だちとほのぼの編

4-01

相手の様子について話す

You look tired. What's wrong?

疲れてるようだね。どうしたの？

It's a long story....
ちょっといろいろあって…。
???

Tidbits!

What's wrong? は相手の体調が悪そう、悲しそう、といったネガティブな状態の時の声かけに使ってみよう。似たフレーズに Is everything ok?（大丈夫？）、Are you feeling ok?（体調は大丈夫？）などもあるよ。

Key phrase

You look ~

～のようだね・～だね

You look happy.（うれしそうだね。）のように You look~ の後には基本的に形容詞が続きます。また、You look like you just ran a marathon.（マラソン走ったばっかりみたいな顔してるよ。）のように like をつけると「～みたいだね」と例え話もできます。

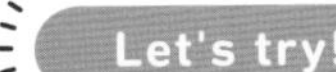

Let's try!

You look like a cockatiel. Did you oversleep this morning?
オカメインコのような髪形だね。今朝は寝坊したの？

Don't be rude, I got it permed.
失礼しちゃうなー、これパーマだよ。

Oh, sorry. It looks good on you.
あ、ごめんごめん。似合ってるよ。

Right? I love it!
でしょ？　けっこう気に入ってるんだ。

Don't be rude.（失礼しちゃうな。）は冗談ぽく使うフレーズにもなります。

関連ワード

- It's a long story（いろいろあって…/話が長くなるけど…）
- a lot has happened...（いろいろあって…）
- oversleep（寝坊）
- you look like ~（〈例え話をする時の〉～みたいだ）
- messy (hair)（ボサボサの髪）
- bangs（前髪）
- perm（パーマ）
- wavy/curly hair（くせ毛）
- bed head（寝ぐせ）
- bad hair day（髪型が決まらない）

4-02

相手に謝る

My bad....

あ…ごめん。

Tidbits!

相手に謝る際に、欧米ではなぜそうなったのかの理由を重視する傾向があるよ。例えば道で人とぶつかってしまったら Sorry! I didn't see you. と「見えなくてぶつかってしまった」ことを加えるよ。

Key phrase

My bad.

ごめん。

My bad. は親しい間柄の人に使う謝り方。I'm sorry. はカジュアルな場面からフォーマルな場面まで万能に使えます。ビジネスシーンではもっと丁寧に My apologies. や I appoligize for the mistake.(ミスをしてしまって申し訳ございません。)などの謝り方がおすすめです。

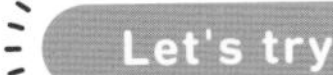

Let's try!

My bad! I broke the plate!
あ、ごめん！　お皿割っちゃった！

It's all good. Are you hurt?
気にしないで。ケガしなかった？

I'm fine. I'm so sorry.
私は大丈夫。本当にごめんね。

Nothing is unbreakable, you know.
形あるものはいつか必ず壊れるものさ。

文末の you know は「〜っていうでしょ」「〜じゃん」という意味で使われます。

関連ワード

▶ネイティブの定番フレーズ you know はこうして使おう

【文頭の you know】「ねぇ、」「ところで」と相手の理解や共感を求める時に。
例 You know, I think it's time you go home.（ねぇ、もうそろそろ家に帰ったほうがいいんじゃない？）

【文中の you know】「えっと」「ほら、あの」と特に意味はなく、会話の間を埋める時に。
例 Where did I put my phone… you know, the one with the silly case.
（携帯どこに置いたっけ…ほらあの、変なケースに入ってるやつ。）

【文末の you know】「〜っていうでしょ」「〜じゃん」「〜よね」と同意を求める時に。
例 I never forget a person's name, you know.（私って人の名前は絶対忘れないんだよね。）

4-03

話題を変える

By the way, my boyfriend dumped me.

ところで、彼氏にフラれたんだけど。

No way!! When?!
You two got along so well.
えーーーー！いつ!? あんなに仲良かったのに。
だから元気なかったの？

Tidbits!

人間関係全般での「仲良し」はget along で表現できるよ。友人・家族同士の「仲が良い」は She is close with her childhood friend.（彼女は幼なじみと仲が良い）のように言ってみて。

Key phrase

By the way

ところで

話題を変える時に使うフレーズ。似たものに、That reminds me ～（それで思い出したんだけど）、Speaking of ～（～といえば）、などもあります。By the way は話の内容がガラリと変わるのに対し、他の2つは今までの会話と関連性がある話の切り替えに使われます。

Let's try!

By the way, this parfait is delicious.
ところでこのパフェおいしいよね

Hey, are you listening to me?
ちょっと、私の話聞いてる？

Of course. Eating sweets is the best after a breakup!
もちろん。フラれた時はスイーツを食べるのが一番！

That's true!
それもそうね！

シンプルに True! だけでも「それもそうね！」という同意を示せます。

関連ワード

get along（仲が良い）

cute together（〈カップルが〉お似合い）

close with ~（～と仲が良い）

childhood friend（幼馴染み）

So ~（あのね・ところで）

That reminds me ~（それで思い出したんだけど）

Speaking of ~（～といえば）

Anyways ~（ともかく）

That's true.（それもそうね）
＊True! は省略した言い方

You're right.
（そうだね・あなたの言うとおり）

4-04

確信に近い推測をする

He said he can't balance his work and love life. He **must be** lying.

彼は仕事と恋愛を両立できないらしいよ。それは絶対に嘘だよね。

Perhaps he found someone else.
他にいい人がいたんじゃない？
サイテー

Tidbits!

両立することを英語では「バランスをとる」と表現するよ。It's difficult to balance work and home life.（家庭と仕事を両立するのは難しいよね。）のように使ってみよう。

Key phrase

must be ~

絶対〜だね

「絶対にそうだ！」と確信に近い推測のフレーズです。他にも be pretty sure や has to be、have got to be などが使えます。I'm pretty sure she likes him.（彼女は絶対彼のことが好きだよ。）、You've got to be kidding me!（〈絶対に〉嘘でしょ！）などは海外ドラマでも頻出。

Have you seen the new movie "Pan Sanpo" yet?
新作映画の「パン散歩」、もう見た？

Not yet. What kind of movie is it?
まだ。どんな映画？

A panda walking. It must be interesting, right?
パンダが散歩する話。絶対面白いはず！

I'm not really intrigued... .
あんまりそそられないけど…。

Not yet.（まだ。）は返事で使う他、yet を文末に付け「まだ〜ない」の意にも。

関連ワード

▶ 推測に関するフレーズ（確信度の高さ順）

A. has to be ~（絶対〜だ）
B. have got to be ~（〜に違いない）
C. definitely ~（絶対〜だ）
D. be pretty sure ~（確実に〜だ）
E. perhaps（おそらく）

*A、B、Cにはそれほど違いはありません。

work-life balance（仕事とプライベートの両立）
balance（両立する）
It's difficult to ~（〜するのは難しい）
It's easy to ~（〜するのは簡単）
intrigued（興味をそそられる・興味津々）

4-05

失恋した友を励ます

Well, **there are plenty of fish in the sea.**

まぁ、きっと他にもいい人がいるよ！

人は世界に80億人いるから…
You're right.
まちがいないね。
うう…

Tidbits!

失恋で落ち込んでいる友達にはそっと I'm here for you.（私はあなたの味方よ。）と声をかけてあげてもOK。カッコよく言いたい時は Time will heal all wounds.（時間はすべての傷を癒すよ。）もおすすめ。

Key phrase

There are plenty of fish in the sea.

他にもいい人がいるよ。

広い海の中での魚に例えた定番のフレーズ。他にYou deserve better!（もっとふさわしい人がいる！）、It's his/her loss.（彼・彼女の損だね。）といった表現も。ちなみに欧米の「失恋後あるある」にはアイスクリームを一緒に食べる、同性の友人で小旅行に行く、などがあります。

I don't think I can get over it.
もう立ち直れないかも。

I'm here for you.There are plenty of fish in the sea!
僕は味方だよ。他にもいい人がいるよ！

Next time I will pick someone with a lot more free time.
次はもっとヒマそうな人を選ぶよ。

Are you sure that's the point?!
ポイントそこ!?

失恋後のポジティブな表現には get over（立ち直る）やmove on（次へ進める）なども。

関連ワード

▶付き合っている時に使いたい表現

smitten（ベタ惚れ）

flirt（いちゃつく）

long distance relationship（遠距離恋愛）

stand (someone) up（ドタキャンする）

▶別れてしまった時に使いたい表現

get over（立ち直る）

move on（次へ進む）

ex-girlfriend/ex-boyfriend（元カノ・元カレ）
*省略して Ex だけ使うことも。

blind date（紹介されたデート）

相手の顔を知らずに友人にセッティングされたデートに行くこと。

4-06

流行について話す

Why is every high schooler wearing weird socks? **Is that a thing?**

何で今どきの高校生は変な靴下を履いているの？ 流行っているのかな？

えっ
Look! I'm wearing them too!
見て！ 僕も履いているよ！
ほら！
…

Tidbits!

日本でもおなじみの「トレンド」は英語でも同様に「流行り」という意味で使われているよ。またファッションや生活スタイル全般の「〜が流行っている」は、〜 is popular、〜 is trending を使って。

Key phrase

Is that a thing?

流行ってるの?

「流行ってるの？」の他、「本当にそんなのあるの？」の意味でも使えるスラングです。流行に関して使われるカジュアルな英語表現には in style（流行りの）、out of style（流行遅れの）、outdated（時代遅れの）、old-fashioned（古風な・一昔前の）、old school（古き良き）なども。

Let's try!

I'm thinking of buying new clothes soon.
そろそろ新しい服買いたいなぁ。

Is that a thing to tuck the front of your shirt in your pants?
Tシャツの前だけをパンツにインする着こなし、流行ってるの?

Yeah, isn't it cute? It's called French tuck.
うん、かわいいよね。フレンチタックっていうんだよ。

I feel more comfortable tucking the whole shirt in.
僕はズボンに全部しまうほうが安心なんだけど。

シャツの前だけをパンツにインする着こなしのことを French tuck と言います。

関連ワード

▶ファッションに関するいろいろなフレーズ

It suits you.（お似合いですよ）

dress to impress（〈好印象になるよう〉着飾る）
*パーティーの招待状などによく使われます。

dress up（おしゃれする・特別な服装をする）

tailor-made（仕立てた）
*「オーダーメイド」は和製英語です。

stylish/fashionable（おしゃれな）

classy（高級な/上品な）

chic（粋な）

have good taste（センスが良い）

have bad taste（センスが悪い）

outfit（コーディネート）
*日本語の「コーデ」は和製英語です

4-07

片思いする

I have a crush on her.

彼女に片思いしているんだ。

Let me see! She is cute!
見せて見せて！ あ、かわいい～！
SUKI
でれっ

Tidbits!

「片思い」に対して「両思い」は have feelings for each other。Everything is going well!（全部うまくいっている！）と表現することも。ちなみに「高嶺の花」は out of my league と言うよ。

Key phrase

have a crush on ~

～に片思いしている

片思いから両思いになれた際にも「彼氏」「彼女」というラインが日本ほどはっきりしていない英語圏では、お付き合いの真剣度で言い方が異なります。dating someone は将来を考えている真剣な交際、seeing someone はデートを何回か重ねて付き合う前の段階を表します。

My sister has a crush on an older guy on the soccer team.
私の妹、サッカー部の先輩に片思いしてるんだって。

Oh, yeah? She is enjoying her youth.
へぇ～青春だね～。

But he actually likes her best friend.
でもその彼は妹の親友のことが好きなの。

That's sad. It's going to make me cry.
せつなすぎて泣いちゃう。

アニメの影響で英語圏でも先輩を「Senpai」、後輩を「Kouhai」と呼ぶことも。

関連ワード

have feelings for each other（両想い）

out of my league（高嶺の花）

be together（〈長く〉付き合っている）

going out with ~（～と付き合っている）

dating（〈真剣に〉付き合っている）

seeing（デートを重ねている）

ask out (on a date)（〈デートに〉誘う）

ask (her/him) out（〈彼女に・彼に〉告白する）

break up（別れる）

youth（青春・小学生～大人になるまでの間）

「青春」の意味に一番近い単語ですが、どちらかというと「若い頃」を指します。

4-08

SNSについて話す

She **left** me **on read**. What should I ask her next?

既読スルーされたんだけど、彼女に次は何を聞いたらいいかな？

She might just be busy. Why don't you wait a little?

ちょっと忙しいだけじゃない？
少し待ってみたら？

Tidbits!

英語でのSNSは By the way（そういえば）を BTW、I don't know（わからない）を IDK などに省略することが多いよ。Greatest Of All Time（史上最強）は頭文字「GOAT」からヤギの絵文字1つで表すなども。

Key phrase

left on read

既読無視・既読スルー

「既読無視」はスラングで ghost とも。幽霊のように返事もなく連絡が途絶えたという意味で生まれたもの。この場合は動詞として使い、She ghosted me.（彼女とは音信不通になった。）、Is he really ghosting me?（既読スルーとか信じられないんだけど！）などと表現します。

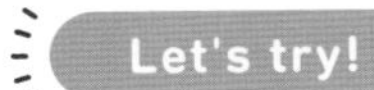

Which is sadder, being left on read or left on unread?
既読スルーと未読スルー、どっちが悲しい？

Hmm, that's a hard one.
うーん、難しいなぁ？

I think there's more hope for being left on read.
いちおう読んではくれる既読スルーのほうが望みがあるかも…。

Wow. You are optimistic.
すごいプラス思考じゃん…。

答えに迷っている時は Good question. とひとまず返事をするのもおすすめ。

関連ワード

Why don't you ~?（～したらどう？）　read（既読）　unread（未読）

leave on unread（未読スルー）　social media（SNS）　*英語でSNSと言っても間違いではないですが、social mediaと言うほうが一般的です。

▶すぐに使える！　SNSでの省略ワード

LMK　let me know（教えて）

PIC　picture（写真）

OMW　on my way（そっち向かってる）

PLS　please（お願いします）

POV　point of view（視点・見解）

SRY　sorry（ごめん）

4-09

聞き返す

What was that?

I could barely hear you over the cars!

何て言った？　車の音で聞こえなかった！

Tidbits!

聞こえないことと同様に、barely see ~(〜でほとんど見えない）で、視覚についての表現も。I can barely see the stage because of the person in front of me.(前に人がいてステージがほとんど見えない。）のように使って。

Key phrase

What was that?

何て言った?

気軽に「ん?何て?」と聞き返したい時に便利なフレーズ。Sorry?、Come again? などに言い換えても OK。Excuse me? も使えますが、トーン次第では怒っているように聞こえる時があるので注意。会社や目上の人に対しては Pardon me? と聞くのが丁寧です。

Let's try!

What was that? Can you say that again?
え? 何て言った? もう1回お願い。

She sells seashells by the seashore.
彼女は海岸で貝殻を売っている。

What are you saying?!
何それ!?

A tongue twister. I practice every day.
早口言葉。毎日練習してるんだ。

「もう一回お願い・聞こえなかった」は I didn't catch that. と言い換えてもOK。

関連ワード

barely see/hear/smell/taste/touch (〈五感の感覚が〉ほとんどない)

in the way (~のじゃまになる)

Sorry? (何て?)

Come again? (もう一度言って)

Excuse me? (何て言った?)

Pardon me? (すみません、聞き取れませんでした)
*Pardon?、I beg your pardon? でもOK。

I didn't catch that. (聞きとれなかった)
*「Sorry, I didn't catch that」も丁寧なのでビジネスシーンで使えます。

tongue twister (早口言葉)

4-10

ネガティブな話に共感する

Wow, so direct.
That was a little harsh.

直球！　ちょっと言い方キツいね。

Tidbits!

意見を遠回しに伝えることを beat around the bush と言うよ。でも Cut to the chase!（はっきり言って！）と返されることも。正直な意見を聞きたい時は Give it to me straight.（率直に言ってください。）と伝えて。

Key phrase

That was a little harsh.

それはキツくない?

相手の話に寄り添った相槌は大切な潤滑油。今回のフレーズは、あまり良い話でない時に使ってみましょう。That's upsetting.（腹立つね・ガッカリするね）、I'm sorry to hear that（それは残念だったね。）なども。That sucks!（最悪ー！）のようなスラングもあります。

I made these sweets. Could you try them?
このお菓子、作ってみたの。食べてみて。

Umm, I think you need 100 more tries.
うーん、あと100回は試作が必要かも。

That was a little harsh. Couldn't you use nicer words?
きつ！ もう少し優しい言い方してくれる?

My bad. The flavor is very... unique.
あ、ごめん。とても…ユニークな味だね。

悪い感想を濁したい時は、良い意味としても伝わる unique を使ってみて。

関連ワード

beat around the bush（遠回しに言う）

cut to the chase（はっきり言う）

give it to me straight
（率直・単刀直入に言う）

blunt（〈口調が〉キツい・鋭い）

▶ネガティブな話への相槌フレーズ

That's upsetting.（腹立つね・ガッカリするね）

That's rough.（大変だね）

I'm sorry to hear that.（それは残念だったね）

That doesn't sound good.（あまり良くなさそうだね）

That sucks（最悪!）*スラング

4-11

元気になれる名言

Everything happens for a reason.

Tomorrow is going to be a better day.

物事全てには理由があるさ。明日はきっといい日になるからね。

Tidbits!

自分を元気にする言葉がいくつもあるといいよね。The best is yet to come.（これからが最高になる。）、Everyday is a new beginning.（毎日が新しいスタートだ。）などもぜひ心にとめておいて。

Key phrase

Everything happens for a reason.

全てには理由がある。

物事がうまくいかない時や落ちこんだ時に励ましの人生訓としてたびたび使われるフレーズ。ポジティブな思考に切り替えて生きていくための英語の名言は多数あります。英語学習もぜひ楽しんでくださいね。You only live once！（人生は一度きり！）

I guess Lion is more attractive than me... .
やっぱり僕よりライオンくんのほうがモテるのかな…。

Everything happens for a reason. You deserve better.
すべてのことには理由があるの。もっといい人がいるよ。

Are you sure?! I'm looking forward to it!
本当!? それは楽しみだなぁ!

Wow, you got over that quick!
立ち直り早すぎない?

「～にモテる」は popular with ~ でも表すことができます。

関連ワード

▶ 心が元気になる英語の名言集

Tomorrow is another day.（明日は明日の風が吹く）

Everything is going to be alright.（すべてうまくいく）

Where there is a will, there is a way.（意志あるところに道あり）

It's not the end of the world.（世界の終わりっていうわけじゃない）

There's always a next time.（次があるよ）

You'll never find a rainbow if you're looking down.（下を向いていたら、虹を見つけることはできないよ）

4-12

相手の気を引く

Guess what! I went on a date with a guy I met on a dating app.

聞いて聞いて！ マッチングアプリで知り合った人とデートに行ったよ。

どうぞー
I'm all ears!
Tell me all about it.
聞かせて！ 全部教えて。
いただきまーす

Tidbits!

相手の話を早く聞きたい時はシンプルにWhat?が多いけれど、つい身を乗り出すほど聞きたい時は I'm all ears!（聞かせて！）と言ってみて。Spill the tea.（全部聞かせて。）のフレーズを使うこともあるよ。

Key phrase

Guess what!

聞いて聞いて！

相手の気を引くためのフレーズです。同様のフレーズに You know what がありますが、これはどちらかといえば会話の途中で、You know what, stop lying.（あのさ、嘘はやめて。）のように相手への注意や怒りを伝える時に使われます。

Guess what! I mustered up the courage to go on a thrill ride.
聞いて聞いて！　勇気を出して絶叫マシーンに行ってきたんだ。

Awesome! How was it?
すごい！　どうだった？

I was so scared that I turned pale.
あまりの怖さに顔面蒼白になっちゃった。

Oh, no! You're going to lose your fabulous panda pattern.
あら大変！自慢のパンダ柄が消えちゃう。

文頭で、I have good news.（いい知らせだよ。）のように結論から報告してもOK。

関連ワード

dating app（マッチングアプリ）

matching app でも通じますが、dating app の方が一般的です。

spill the beans（秘密を漏らす）

豆を撒き散らすという意味から来ているイディオムです。

muster up the courage（勇気を振り絞る）

thrill ride（絶叫マシーン）

roller coaster（ジェットコースター）＊jet coasterは和製英語

pale（顔面蒼白）

white as paper や white as a ghost など white as a ～（～ぐらい白くなった）も顔面蒼白になったことを表します。

4-13

不確かなことについて話す

I'm not sure if he likes me.

彼が私のことを好きなのかどうかはわからないなぁ。

Do you like him?
あなたは好きなの？
I'm not even sure.
私もわからない。
うーん
うーん
NEMUI
NEMUI

Tidbits!

「わからない」を意味するフレーズはI don't know. がおなじみですが、ほぼ同義の、I'm not sure.（わからないなぁ。）や、さらに「まったく見当もつかない」というニュアンスのI have no idea. なども使ってみて。

Key phrase

I'm not sure if ~

～かどうかわからない

不確かなことや自信が持てない時に使うフレーズで、I'm not sure if I will pass the driving test….(運転免許の試験に受かるかな…。）のように使ってみましょう。似ているフレーズでよく使われるものに、I'm not sure about that.（それはどうかな。）があります。

Do you want to go to our usual cafe for "Bamboo Leaf Rice"?
いつものカフェに「笹ライス」を食べに行かない?

I'm not sure if they are open today.
あのお店、今日営業してるかどうかわからないよ。

Then how about getting a "Bamboo Leaf Burger" to go?
だったら「笹バーガー」をテイクアウトする?

You don't have to stick to bamboo leaf menu, you know?
笹メニューにこだわらなくてもいいよ?

テイクアウトに便利なキッチンカーは、英語では food truck と言います。

関連ワード

▶ 否定文と肯定文でニュアンスの違いを比較してみよう

- 否 I don't know.（わからない・知らない）
- 肯 I know.（わかっている・知っている）
- 否 I don't understand.（理解できない）
- 肯 I understand.（理解している）
- 否 I don't get it.（〈ジョークなどが〉伝わらない）
  ＊カジュアルな言い方
- 肯 I get it.（言いたいことはわかる）
- 否 I have no idea.（全然わからない）
  ＊I have no clue. も使われます。
- 肯 I have an idea.（いいこと思いついた）

4-14

今の気分を伝える

I feel like going to karaoke and eating pizza.

カラオケ行って、ピザが食べたい気分だなぁ。

Sure, why not?
もちろんいいよ。
YATTA!

Tidbits!

欧米でのカラオケは、ほとんどがバーやレストランにあるカラオケマシーンでお客さんの前で歌うもの。カラオケボックスでの「ひとりカラオケ」や「オール（一晩中）」などは日本特有のものだよ。

Key phrase

I feel like ~

～の気分

I feel like going for a run.（ジョギングしたい気分だ。）や I feel like pizza.（ピザがほしいなぁ。）のように、行動に対しても物に対しても使える万能フレーズ。似たフレーズの I'm up for ~ は、I'm up for a movie.（映画でも観ようかな。）のようにフワっとした願望になります。

Let's try!

I feel like going for a swim at the beach.
海で泳ぎたい気分だなー。

Why don't we go this weekend?
週末に行かない?

Great! When I get there, I'll have yakisoba, cucumber and... .
いいね！　行ったら焼きそばとキューリと…。

Umm... You are going to swim, right?
え？　泳ぎに行くんだよね?

swim at the beach（海辺で泳ぐ）に対して swim in the ocean は深海を泳ぐイメージ。

関連ワード

be up for ~（～する気がある・～したい）

▶ 日本語がそのまま英語として使われているいろいろな単語

Karaoke（カラオケ）＊発音は「ケリオキー」　Futon（布団）＊発音は「フートン」

Yakisoba（やきそば）　Edamame（えだまめ）＊発音は「エダマーミー」

Ramen（ラーメン）　Udon（うどん）＊発音は「ウードン」　Teriyaki（照り焼き）

Senpai（先輩）　Kouhai（後輩）　Manga（漫画）

Otaku（おたく）＊発音は「オタークー」

4-15

試す

Look! Let's **try** this flavor **out.** It's a new product.

見て見て。この味、試してみない？ 新商品だって。

Bamboo leaf flavored fish cakes. Very interesting!
笹かま味？ 変わってていいね！
よだれでてるよ
おいしそ〜
MENU

Tidbits!

味を言葉で伝えるシーンは意外と多いよね。sweet（甘い）、salty（塩味）、sour（酸っぱい）といった基本的なもののほか、「明太子味」のような「〜味」は ~ flavored のように表現するよ。

Key phrase

try ~ out

～を試す

試運転、試飲、試食、ゲームをやってみるなど、さまざまなシチュエーションでの試す行為に使える万能な句動詞です。ちなみに衣類の試着だけは Let me try this summer dress on.（このワンピース試着してみるね。）のように try on も同じように使えます。

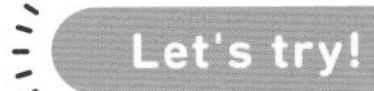

This is my favorite spice these days.
これ、最近お気に入りのスパイスなんだ。

Cool, what kind is it?
へぇー、どんなの？

It has lots of herbs in it to make the meat taste better.
いろいろなハーブが入っていて、お肉料理がおいしくなるんだ。

Sounds delicious! I want to try it out too.
おいしそう！　私も試してみようかな。

欧米ではスパイスから調合した自慢のバーベキューを披露する大会もあります。

関連ワード

▶「最近」を意味するいろいろな言葉と使い分け方

recently（ついこの間を示す「最近」）　lately（ここ最近始まって、今も続いている状態）
these days（以前と比べてここ数日間か数週間ぐらい続いていることを示す「最近・近頃」）
nowadays（過去と比較した「最近・近頃」。these days よりもフォーマルな表現 ）

▶ 味についてのいろいろな表現

～flavored（～味）　light（薄い）　rich（濃い）　sweet（甘い）　salty（塩味・塩辛い）
sour（酸っぱい）　tangy（酸味のある）　savory（風味がある・塩のきいた）
refreshing（さっぱり・スッキリ）　less ~（~控えめ）　例 less sweet：甘さ控えめ

4-16

相手にゆずる

Go for it.

どうぞ。

Tidbits!

満腹加減の表現には、I'm full（お腹いっぱい）、I'm starving（お腹ペコペコ）のほか、I'm 80% full（8割お腹いっぱい）などがあるよ。There's always room for dessert!（デザートは別腹！）も使ってみて！

Key phrase

Go for it.

どうぞ。

あまり遠慮しない傾向がある欧米では、最後まで唐揚げがひとつだけ残っている、なんてことはほとんどありません。I'm going to have the last piece.（最後のひとつもらうね。）と気を遣って言う人もいますが稀です。Go for it. は「やってみなよ！」と行動を後押しする声かけにも。

I'm still hungry after three servings.
3人前食べてもまだお腹すいてるなぁ。

You really have a big appetite.
本当にすごい食欲だね。

But they say there's always room for dessert!
でもデザートは別腹って言うもんね！

I'm not stopping you. Go for it!
私は止めないから、どうぞ！

自分から手渡しする時の「どうぞ。」は Here you go. を使います。

関連ワード

full（お腹いっぱい）

had plenty（お腹いっぱい）＊丁寧な言い方

stuffed（お腹パンパン）

over eat（食べ過ぎ）

There's always room for dessert.
（デザートは別腹）

デザートに限らず、there's room for ~ で「～は別腹」になります。

split（半分こ・人数分に割る）

Here you go.（〈手渡しする時の〉どうぞ）

4-17

昔のことを話す

I used to really like this actor.

昔この俳優さんすごく好きだったんだよね。

I can tell. You like people with beards.
あー好きそう。
髭がある人が好きだよね。
もう終わりにしよう
すき～

Tidbits!

学生時代など特定の昔を振り返る時は、When I was in high school（高校生の頃）のように表現するよ。I wish I could go back to my twenties.（20代の時に戻りたい。）のようなフレーズも使ってみよう！

Key phrase

I used to ~

昔は～だった。

過去のことを話す時のフレーズ。否定文でも、I didn't use to drink coffee.（昔はコーヒーを飲みませんでした。）のように使えます。be動詞を前につけると、I'm used to staying up late.（遅くまで起きているのは慣れている。）のように「～に慣れている」の意味になるので注意。

I used to be popular back in the day.
僕、昔はすごくモテたんだけどなぁ。

How popular were you?
どれぐらいモテたの？

I got a truck full of Valentine's Day chocolates.
バレンタインチョコがトラックで届くぐらい。

You're like a pop idol!
アイドルか！

idolのみだと「尊敬する人」の意に。Japanese idolのように言葉を組み合わせて。

関連ワード

- I can tell（そんな気がした・わかるわ～・やっぱりね）
- beard（あご髭）
- mustache（口髭）
- when I was in ~（～〈学生など〉の時）
- back when I was ~（～のころ）
- in the old days（昔は）
- back in the day（昔は・当時は）
- I wish I could go back ~（～の頃に戻れたらなぁ）
- be used to ~（～に慣れている）
- idol（尊敬する人・憧れの人）
- Japanese idol（〈日本の〉アイドル）
- pop idol（ポップアイドル）

4-18

想像とは違ったことを話す

That relieved a lot more stress **than I thought.**

思ったよりストレス発散になったね。

Right? That's why karaoke is the best thing after a break up!
でしょ？　だから失恋にはカラオケがいちばん！
あと100曲歌いたいくらい！
多っ

Tidbits!

「だから～」を意味するThat's why は That's why I told you!（だから言ったでしょ！）などとよく使われるよ。That's why. とだけ使うと「そういうことか」「なるほど」というフレーズになるよ。

Key phrase

~ than I thought.

思ったより～

このフレーズは、faster や more beautiful、less dangerous など比較級を表す形容詞と組み合わせて使いましょう。似た表現として thought を expected に変え、He's more good-looking than I expected.（彼は期待していたよりもカッコよかった。）のようにも使えます。

Let's try!

Whoa, this soup is spicier than I thought!
うわ、このスープ思ったより辛い！

That's why I told you to take small sips.
だから少しづつ飲んでって言ったのに。

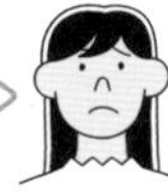

My mouth is still burning!
口の中がヒリヒリする～！

Here you go. Drink some water and calm down!
はい、お水飲んで落ち着いて！

飲み物の「一口」は sip 、食べ物の「一口」は bite といいます。

関連ワード

relieve stress（ストレス発散）

~ than I expected（思っていたよりも・期待していたよりも～）　take a sip（一口飲む・少しずつ飲む）

not as ~ as I thought（思っていたほど～ではない）　take a bite（一口食べる）

▶ 味ごとの口の感覚を表現してみよう

on fire（〈激辛で〉燃えている）　burning（〈辛くて〉燃えている・ヒリヒリする）

tingling（〈山椒など〉ピリピリする・ビリビリする）

watering（〈酸っぱい物を見た時・おいしそうな物を見た時〉よだれが出る）

dry（乾いている・パサパサする）　fizzy（〈炭酸飲料の〉シュワシュワする）

4-19

提案する・誘う

Why don't we go on a trip together?

一緒に旅行に行かない？

That sounds great!
Where should we go? Kyoto?
いいね！ どこ行く？ 京都とか？
How about somewhere abroad like Canada!
思い切って海外とかどう？ カナダとか！
Nice! Let's do it!
いいね!! 行こう!!
たのしみっ！

Tidbits!

「行こう！」は Let's go! でももちろんOKだけど「そのプランで進もう！」「よし、それで行こう！」という意味を持つ Let's do it！のほうがよりネイティブの表現に近いよ。

Key phrase

Why don't we ~? / How about ~ ?

～しませんか？／～はどう？

Why don't we~？ は提案する時にいつでも使えるフレーズなのに対し、How about ~? は2案目、3案目に使う、または相手に「何したい？」と意見を求められた時に使うのが自然です。最初からHow aboutで話し出すと相手に唐突な印象を与えてしまうことも。

Why don't we go watch a sports game sometime?
今度スポーツ観戦に行かない？

I'm in! Are you thinking baseball? Or even soccer?
行こう！　野球にする？　それともサッカー？

How about bodybuilding?
ボディビルはどうかな？

Bodybuilding? Sure, let's go!
ボディビル？　行ってみたい！

I'm in! は「賛成！」「私も参加したい！」のニュアンスを持つ、お誘いへの返事。

関連ワード

What do you think about ~? (〈お誘いする時の〉どうですか？)

Sounds ~! (それは～だ！)

sounds の後は形容詞でアレンジができます。
Sounds good! (いいね！)　Sounds fun! (楽しそう！)　Sounds dangerous. (危なそう)

Let's do it! (〈計画通りに〉それでいこう！)

I'm in! (賛成！・私も参加したい！)

I'll think about it. (考えておく)

Sorry but I can't make it. (ごめんなさい、行けません)

I'd love to, but I can't. (ぜひそうしたいけど、行けません)

I wish I could, but I can't. (行きたいけど、行けません)

4-20

了解する

Got it. That's the one thing we mustn't forget.

了解。それだけは忘れちゃいけないね。

Don't forget to bring your passport on the trip.
旅行はパスポートを忘れずにね。
ワクワク～♫
PASSPORT

Tidbits!

欧米では100円程度のものでもカードで支払う習慣があるほどキャッシュレスが浸透しているのでクレジットカードが必須だよ。お店やホテルのスタッフにわたすチップ用の現金は持っておこう。

Key phrase

Got it. / Got you.

了解。

Got it. はジョークや話を理解できた時、Got you. は相手の思考がわかった時に使ってみましょう。Got you. はさらに崩して Gotcha. とも言いますが、親しい間柄の人だけに使いましょう。他に了解の返事として、No problem.（わかった・承知した）なども使えます。

Let's try!

Do you have everything? Make sure you check.
忘れ物ない？　ちゃんと確認するんだよ。

Got it! I'm all set.
了解！　もう準備万端だよ。

Are you sure you have your wallet?
お財布も大丈夫？

Oops! I forgot. That was close.
あ、忘れてた！　危なかった～。

「準備万端」は、all set の他に good to go にも言い換えられます。

関連ワード

That's the one thing ~（それだけは～）　That was close.（危なかった～・ギリギリセーフ）

▶「了解」を意味するフレーズいろいろ

Gotcha!（りょ！）＊Got you を崩した言い方

No problem.（わかった・承知した）＊ビジネス、カジュアルどちらにもOK

I'm on it.（今やっています）　Good idea.（そうだね！）

▶欧米への旅行のおもな重要アイテム

credit card（クレジットカード）＊欧米では使用頻度が高くなるため、予備でもう1枚持っておくと安心

pain killer（痛み止め）＊海外の薬は成分が日本よりも強いため、自分に合う薬を持って行くと安心

SIM card（eSIM・海外SIM）＊スマホで地図を見たりUber Eatsを予約したりする際に便利

Column 4

上の空でも大丈夫？

相手の話を聞いていても いなくても使える 相槌フレーズ10

相手の話をきちんと聞くことはもちろん大事。でも家族や親しい友人が相手だと、ついつい会話が上の空になってしまうことも…？　そんな時でもまるで「きちんと聞いている」かのように聞こえる相槌フレーズをご紹介。あくまでも棒読みではなく、感情を込めて相槌を打ちましょう！

1 **なるほどですね。** → I see.

2 **へぇ、面白い。**（興味深い） → Interesting.
※本当に面白くても、面白くなくても反応できる相槌です。

3 **さすがです。** → That's impressive.
※直訳ではありませんが、「自分にできないことができて感心します」のニュアンスに近いです。

4 **おかげさまで。** → Thanks to you.

5 **へぇー、それはすごい。** → Wow, that's amazing.

6 **それ胸アツじゃん？** → That's exciting, isn't it?
※直訳ではありませんが、「ワクワクが止まらないね！」といったニュアンスになります。

7 **うそでしょ!?** → You're kidding!
※ビックリした時の相槌。良いニュースでも悪いニュースでも使えます。

8 **それはやばいね。**（ポジティブな意味で使う時） → That's awesome.

9 **それはやばいね。**（ネガティブな意味で使う時） → That is not good.
※bad をあえて not good ということで“ヤバさ”が増します。

10 **うん、ちゃんと聞いてるよ。** → Yes, I'm listening.

CHAPTER

5

わくわく
お出かけ編

5-01

「一緒にしよう」と提案する

Let's take a bus to the airport.

空港へバスで行こう。

We don't have much time. Do you want to grab a sandwich?
あまり時間がないね。
軽くサンドイッチ食べる?
いいね～

Tidbits!

grab は小腹がすいた時の軽い食事やドリンクを摂るという意味で使われる動詞。3度の食事やそれ以外の間食でも使えるよ。I'm going to grab some dinner.（夜ご飯を軽く食べるわ。）のように使ってみよう。

Key phrase

Let's ~

～しよう

Let's は Let us の省略形で「みんな一緒に～しよう」と提案する時に使います。フォーマルな場では、Why don't we take a break here?（ここでいったん休憩しましょう。）、Shall we head to the client's office?（クライアントのオフィスに向かいましょう。）のように話しましょう。

Let's try!

Let's go shopping when we get to the airport!
空港についたらお買い物しよう！

Sounds good. I want to see some miscellaneous goods.
いいね。雑貨見たいな。

How about buying matching coin cases?
おそろいのコインケース買わない？

That's a great idea! Let's choose them together.
いいアイデア！　一緒に選ぼう。

「雑貨」は miscellaneous goods のほか、general goods と呼ぶこともあります。

関連ワード

- Why don't we ~?（～しましょう）＊丁寧
- Shall we ~?（～しませんか?）＊丁寧
- have a snack/snacking（間食）
- long wallet（長財布）
- knick knack（〈家を飾る〉小物・グッズ）
- household item（日用品）
- home decor（〈大きい〉インテリア雑貨）
- dollar store（100円ショップ・1ドルショップ）
- souvenir（お土産）

5-02

注文する

Let's see... **Can I get** a sandwich, scone, salad, chocolate cake and a latte, please?

えっと…サンドイッチとスコーンとサラダとチョコケーキとラテをください。

Whoa, you eat a lot.
めっちゃ食べるじゃん。
これと…
これと…
これと…
これ！
ご注文は？
menu

Tidbits!

お店での注文、慣れていないとドキドキするよね。メニューがよくわからない場合は、What do you recommend?（何がおすすめですか？）、I'll have that.（それにします。）で乗り切ることもできるよ。

Key phrase

Can I get(have) ~?

～をください。

注文時の定番フレーズ。get は have に置き換えてもOK。他に、I'll have the sweet and sour pork combo.（酢豚セットにします。）の表現もよく使われます。高級店などで少し丁寧さを出したい時は、Could I have the grilled salmon?（グリルサーモンをください。）などに言い換えて。

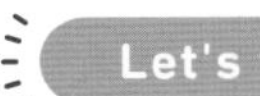

Can I have two each of the seasonal pasta and coffee, please?
季節のパスタとコーヒーを2つずつください。

Sure. Would you like sugar and milk with your coffee?
かしこまりました。コーヒーにお砂糖とミルクは必要ですか？

Just black for one, and milk for the other one.
ひとつはブラックで。もうひとつはミルクだけお願いします。

Also, can I have the coffee after the meal?
あと、コーヒーは食後にお願いします！

選択肢が２つの時の「もうひとつ」は the other（one）と表現します。

関連ワード

- Let's see（えっと）
- allergic to ~（～アレルギー）
- the other (one)（〈2つのうちの〉もうひとつ）
- another (one)（〈他の物・人を〉もうひとつ・もうひとり）
- fried chicken combo（フライドチキンセット）
  ＊「～セット」は ~combo と言うことが多いです。
- kids meal（お子様セット）

▶ お店での注文はこんな方法も

お店によっては、各メニューに番号が振ってあることも。英会話やメニュー名の発音に自信がない時は、希望するメニューの番号を指して、This one. や Can I get number 23?　のようにオーダーするとスムーズ。

5-03

商品についてたずねる

Do you have a bigger size?

これよりも大きいサイズはありますか?

You're going to have to go to the bathroom a lot.
飛行機でトイレ近くなっちゃうよ。
大丈夫?
menu

Tidbits!

欧米でのドリンクのサイズは short, tall, grande, venti のように分けられることが多いよ。また short がなく、tall から上のサイズの選択になることも多いので日本よりは量が多く感じるかも。

Key phrase

Do you have ~?

～はありますか?

商品についてたずねる時に便利なフレーズ。応用的な使い方に Do you have ~ in…?（～の…はありますか？）も。Do you have this dress in blue?（このドレスの青はありますか？）、Do you have a blouse in leopard pattern?（ブラウスのヒョウ柄はありますか？）と使います。

Let's try!

Do you have this top in an extra large?
すみません、このカットソーのLLサイズはありますか?

Yes, I'll bring one for you.
はい、すぐにお持ちしますね。

Isn't an extra large too big?
LLサイズは大きすぎない?

I like to wear loose-fitting clothes.
大きめのサイズでゆったり着たいのよ。

カットソーは英語では服の種類を指す言葉ではないため、top や shirt と呼びます。

関連ワード

▶ 飲み物のサイズの呼び方

short（小）　tall（中）

grande（大）　venti（特大）

飲み物は他にも oz（オンス）で表記されている場合もありますが、感覚的に日本で注文するサイズより１サイズ大きいと考えておきましょう。

▶ 洋服のサイズの呼び方

small（S）　medium（M）

large（L）　XL（LL）　XXL（3L）

サイズを表す「LL」は日本でのみの表記。欧米ではLLは「XL（extra large）」、3Lは「XXL」と表記されます。

5-04

目的の場所や施設をたずねる

Is there a restroom?

トイレはありますか?

Tidbits!

「トイレに行ってきます」と伝えたい時は I'm going to the bathroom.やI'm going to use the restroom.と言おう。Toiletは便器自体のことを表すので、こうした場面では使わないよ。

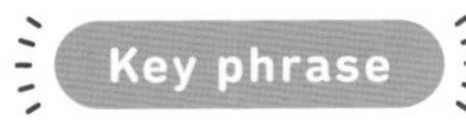

Is there ~?

～はありますか？

Do you have~?(～はありますか？）が所有物の有無を聞く時に使うのに対し、Is there ~? は「(その場所に)～はありますか？」と何かの場所をたずねる時に使います。Is there a concession stand near here?（この近くに売店はありますか？）のように使ってみましょう。

Is there a coin locker around here?
この近くにコインロッカーはありますか？

Walk down this road for 50m and it will be on your right.
この道を50メートルほど歩くと右手にあります。

Thank you. Can I put large luggage there?
ありがとう。そこは大きな荷物も入れられますか？

Your suitcase will fit fine.
あなたのキャリーケースなら余裕で入りますよ！

一般的に大きさは関係なくキャリーケースのことをsuitcase と言います。

関連ワード

concession stand（売店）

suitcase（キャリーバッグ・キャリーケース）

キャリーバッグ・キャリーケースはどちらも和製英語。飛行機の中に持ち込むバッグをcarry-on bag ということもできます。

on your right/left（右手/左手にあります）

▶トイレにまつわるさまざまな表現

nature is calling（小便をする）
＊カジュアルな表現で、男性の間でよく使われます。

restroom（化粧室）、washroom（お手洗い）、

bathroom（お風呂とトイレが一緒になっているバスルーム）

いずれも「トイレ」の意味で使えますが、washroomは少し カジュアルな表現です。

5-05

行き方や道順をたずねる

How do we get to Stanley Park?

スタンレーパークにはどうやって行きますか？

Take the #19 bus and get off at Stanley Park Loop.
19 番のバスに乗って、スタンレー・パーク・ループで降りてください。
旅行？

Tidbits!

「カナダといったら冬！」のイメージがあるけれど、実は夏もおすすめ。天気もよく、21時過ぎまで日も暮れないので、ハイキングやキャンプ、海辺のサイクリングなどのアクティビティが楽しめるよ。

Key phrase

How do we get to ~?

～はどうやって行きますか?

旅行先で道をたずねたい時に使えます。似た表現に What's the best way to get there？（そこに行く一番いい方法は何でしょう？）も。How far is it from Vancouver Aquarium?（バンクーバー水族館からはどれくらいかかりますか？）のように、距離感を聞くフレーズも便利。

How do we get to the Steam clock from the closest station?
最寄りの駅からスチーム・クロック（蒸気時計台）にはどうやって行きますか?

Walk down West Cordova Street for about five minutes.
ウエスト・コルドバ・ストリートを5分ほど歩いてください。

Thank you!
ありがとうございます！

It's closer than I thought.
思ったより近いね。

walk down や walk up と言われたら道をまっすぐ歩くことを意味します。

関連ワード

- arrive in ~（～〈分〉で到着）
- depart in ~（～〈分〉で出発）
- take（〈乗り物に〉乗る）
- walk up/down（〈道を〉まっすぐ歩く）
- arrive in about ~ min（～分で着く）
- takes about ~ min（～分かかる）

▶ 以下の言葉を使うと
さまざまな移動手段を聞くことができます

- best way（一番良い方法）
- fastest way（一番速い方法）
- cheapest way（一番安い方法）
- safest way（最も安全な方法）
- easiest way（最も簡単な方法）

5-06

気分や体調を伝える

I'm feeling so refreshed!

とても気分がいいよ。

Traveling is so relaxing.
We're having a blast!
旅行は癒されるねぇ。めっちゃ楽しいね！
すぅ

Tidbits!

「とても楽しい」を意味する have a blast 。その他に、覚えやすい単語の awesome を使って This cruise is awesome!（このクルーズは最高！）のような表現もできるよ。

Key phrase

I'm feeling ~

(気分が)〜だよ

I'm feeling ~ は、感情だけでなく体調を表すこともできるフレーズ。体調が悪くなったら、I'm feeling sick.(気分が悪いです。)、I'm feeling lightheaded.(頭がくらくらする・めまいがする)、I'm feeling sore from walking too much.(歩きすぎて体中が痛いよ。)のようにも使えます。

Let's try!

I've come all the way here and I'm feeling terrible!
せっかく来たのに、最悪な気分だよ〜。

What happened?
どうしたの?

I seem to have lost my favorite pair of sunglasses.
お気に入りのサングラスをなくしちゃったみたいなんだ。

You're wearing them on your head.
あなたの頭についてるけど?

落とし物やなくし物をした時は I lost my ~ と伝えましょう。

関連ワード

▶体調にまつわる表現

sick(気分が悪い)

sore(〈ジンジン〉痛い)

pain(〈突き刺すような〉痛い)

lightheaded(クラクラする)

dizzy(めまいがする)

▶「癒される」のニュアンスの違いを表現してみよう

refreshed
→旅行に行ってストレス発散されるような癒し

healed
→自然の中でマイナスイオンを浴びたような癒し

relaxed、calms
→音楽を聴いたり朝のコーヒーでまったりする時のような癒し

5-07

お願いする

… Let me think about it.

…考えさせて。

Would you like to ride a helicopter tomorrow?
明日ヘリコプターに乗らない？
ちょっと怖い…

Tidbits!

苦手なものや恐怖症はscared of ~や have a fear of ~ を使って表現するよ。I have a fear of heights.（高所恐怖症なんです。）、I'm scared of frogs.（カエルが苦手なんだ。）のように使うよ。

Key phrase

Let me think about it.

考えさせて。

Let me～ は「(自分のペースで)～させてください」と相手にお願いする際に使うフレーズ。Let me edit this file.（このファイルを編集させてください。）や Let me finish this movie first.（ちょっと先にこの映画だけ見終わらせてもらうね。）と幅広いシーンで使われる表現です。

Those denim pants are one of a kind.
そのデニムパンツは1点モノなんです。

They're so cool. How much are they?
かっこいいなぁ。おいくらですか?

They're $1500.
1500ドルです。

Let me think about them. I would like to look around more.
ちょっと考えさせてください。他も見たいので。

パンツや靴は１セットで足が２本なので複数形として扱います。

関連ワード

- one of a kind（1点モノ）
- look around（見て回る）
- scared of ~（～が怖い、～が苦手）
- have a fear of ~（～恐怖症）
- ~ phobia（～恐怖症）

欧米で頻繁に会話やSNSに出てくる恐怖症は fear of heights（高所恐怖症）, fear of spiders（クモ恐怖症）, claustrophobia（閉所恐怖症）, trypophobia（集合体恐怖症）などです。

5-08

一番近い場所をたずねる

I don't want to walk anymore. **Where's the nearest** taxi stand?

もう歩きたくないよ。一番近いタクシー乗り場はどこ?

I'm tired too.
Let's go to bed
early today.
疲れたねえ。今日は早めに寝よう。

Tidbits!

カナダやアメリカではタクシーに似たライドシェアサービスが主流になってきているよ。アプリで予約すればその場に迎えに来てくれるのでとても便利。地域によってはバスや電車よりも安全なことも。

Key phrase

Where's the nearest ~?

一番近い～はどこ?

旅行先で便利なフレーズ。同様に Where's the closest bus stop?(一番近いバス停はどこですか？) の表現も使えます。near と close はともに「近い」と言う意味がありますが、close は単体で使えるのに対し、near は次に名詞を入れて「～の近く」というニュアンスで使います。

Excuse me. Where's the nearest ATM?
すみません、ここから一番近いATMはどこですか?

It's 15km away.
15キロ先にありますよ。

Oh, 15km... I'm going to run out of money and energy.
おぉ、15キロ…僕のお金と体力が尽きそうだよ。

You only have 200 yen left, right?
もう所持金200円なんでしょ?

run out of ～は「～が尽きそう・使い果たす」の意味でよく使われる熟語です。

関連ワード

Where's the closest ~? (一番近い～はどこですか?)

taxi stand (タクシー乗り場)

チップのある国では一般的にタクシーの運転手には支払い、その他の公共交通機関には必要ありません。ライドシェアサービスは基本的にはチップを渡す必要はありませんが、ほんの気持ちで渡す人もいます。

bus stop (バス停)

train station (電車駅)

ticket machine (券売機)

~left (残り～〈時間・量・距離・お金〉)

5-09

好意的な返事をする

He seemed to want to go to Grouse Mountain. Well, I **don't mind** going up tomorrow.

グラウスマウンテンに行きたそうだったな。まぁ、明日登ってみるのもいいか。

Tidbits!

I don't mindは返事としても使えるし、後に動詞の進行形を続けてI don't mind getting take out.（テイクアウトにしても構わないよ。）のように「～するのは構わない」という意味でも使えるよ。

don't mind

まぁいいよ・構わない

いろいろな場面でカジュアルに使えるフレーズです。似たフレーズの don't care は「気にしない」「興味がない」「何でもいい」などあまり関心を持っていない時に使うのに対し、I don't mind（構わないよ）は嫌いではない好意的なニュアンスを伝える時に使います。

Would you like our homemade lemonade or bamboo leaf tea?
自家製レモネードか笹茶はいかがでしょうか？

I don't mind either.
どちらでも構いません。

Oops, I'm sorry. We're out of both.
あら、ごめんなさい。どちらも売り切れでした。

I'll just have a chameleon plant tea shake then!
じゃあ、どくだみ茶シェイクにします！

「売り切れ」「品切れ」は sold out または out で表します。

関連ワード

- don't mind ~ing（～するのは構わない）
- don't care（気にしない・興味がない・何でもいい）
- Either is fine.（どっちでもいいよ）
- It's up to you.（〈判断を〉あなたに任せる）
- whatever（何でもいい・どうでもいい）
  *カジュアルな表現
- at all（全然・全く）
  * don't mind や don't care と組み合わせて使います。
- go up（登る・上昇する・上がる）
- climb（登る）
- homemade（自家製）
- sold out/out（売り切れ・品切れ）
- iced ~（アイス～〈飲み物〉）

5-10

ショッピングでの会話

I'm just looking, thank you.

見てるだけです、ありがとう。

Can I help you with anything?
何かお探しですか?
Did you find anything nice?
いいのあった?

Tidbits!

「ウインドーショッピング」は英語でも window shopping と表現するほか、I'm just browsing. とも言うよ。店員さんに話しかけられてもゆっくり見たいだけの時は Just looking, thanks. とサラっと伝えよう。

Key phrase

I'm just looking.

見てるだけです。

欧米では、服などを見ている間に店員さんはあまり話しかけてきません。Can I help you with anything? や Let me know if you need anything.（何か必要なものがあればお声がけください。）とひと声かけ、あとはお客様のペースで話しかけられるのを待つスタンスが多いです。

Let's try!

Are you looking for a short-sleeved top?
半袖の服をお探しですか？

I'm just looking. They are all lovely.
見てるだけです。どれも素敵ですね。

You can try them on.
試着もできますよ。

Thank you. I'll let you know if I find something.
ありがとう。気に入ったのがあれば声かけますね。

Could I set up a fitting room for you? と店員さんが試着室を準備することも。

関連ワード

window shopping（ウインドーショッピング）

browsing（見て回る）

try on（試着）　fitting room（試着室）

Let me know if you need anything.
（何かありましたらお声がけください）

set up（準備する）　on sale（セール中）

Buy 2 get 1 free
（2つ買ったらもう1つ無料）＊よく見られる表示です

Can I try this on?（試着していいですか？）

I'll take it.（これにします）

It didn't fit well.（サイズが合いませんでした）

It didn't suit me.（私には似合いませんでした）

5-11

チェックする

Really? We have to **check it out!**

本当に? 行ってみなきゃ!

This restaurant is very delicious.
このお店すごくおいしいよ。

Tidbits!

行列を見るとどんなお店か気になるよね。でも、欧米では人気店だとしても並んでまで待つことは少ないよ。どんなに長くても30分が限界かも。ただ、回転の速いラーメン店などでは列ができることも。

check it out

チェックする・(試して・見て・調べて)みる

似た表現に、Let's give it a try.（試してみよう。）、Do you want to take a look?（見てみる？）などがありますが、「試す」「見てみる」「調べてみる」と幅広い意味で使えるのがこの check it out です。手元に何かを持っている時に「これ見て！」の意味でも使います。

I'm so full. What shall we do next?
お腹いっぱい。このあとどうする？

I would love to try ice skating.
アイススケートやってみたいなぁ。

I heard there is a skating rink 15 minutes from here on foot.
ここから徒歩15分のところにスケートリンクあるらしいよ。

That's great. Let's check it out!
それはいいね。すぐに調べてみよう！

「この後どうする？」は What do you want to do after this? でもOK。

関連ワード

long line（長蛇の列）

wait in line（並んで待つ・並ぶ）

~ on foot（徒歩で～〈所要時間〉）

I would love to ~（ぜひ～）

give it a try（試してみる）

give it a go（やってみる）＊カジュアルな表現

take a look（見てみる）

I heard ~（～らしいよ）

What's next?（次どうする?）＊くだけた言い方

5-12

経験をたずねる

Have you tried lobster before?

ロブスターたべたことある？

Tidbits!

ビジュアル面での驚きを表現するには、It's ~！と、～のところにintense（強烈）、fancy（派手・華やか）、bold（大胆な）、loud（うるさい柄・ド派手）などの形容詞を入れるよ。

Key phrase

Have you tried ~?

〜(試した)ことある?

ここ最近の経験をたずねるフレーズです。Have you ever tried ~?も同じように使えますが、「一生に」という意味を持つ ever を使うと、Have you ever tried natto?(今までに納豆食べたことある?)のように、生まれてから現在までの経験の有無を問う質問になります。

Have you ever tried bungee jumping?
バンジージャンプやったことある?

No, I've never tried before.
ううん、1回もやったことないよ。

Would you like to give it a go together sometime?
今度一緒にやってみない?

Nah... I'm ok. I'll watch you.
ぼ、僕はいいよ、見ててあげるよ。

Nah, I'm ok は No, thank you を崩したよりカジュアルな言い方です。

関連ワード

Nah(いや)
*No の崩した言い方で、発音は「ナー」

intense(強烈)

impact(インパクト)

fancy(〈素敵な〉派手)

loud(〈柄がうるさい〉派手)

bold(大胆)

Have you ever ~?(〈人生で1度でも〉〜したことある?)

I'll never forget what I saw.(1度見たら忘れられない)

I can't unsee it.
(脳に焼きついている・もうそれにしか見えない)

ネイティブがよく使うカジュアルなフレーズです。

5-13

割り勘をする

I'll pay first and we can **split the bill** later.

先に払っておくから、後で割り勘しよう。

That will be $720.
720ドルになります。
Ok. Thanks!
オッケー。ありがとう。

Tidbits!

欧米でも、会食をした時は割り勘か自分の分のみを払うのが一般的。デートの時は奢る、割り勘、多めに払う、とさまざま。「今回ごちそうになったから次回は自分が払うね」と言う人も多いよ。

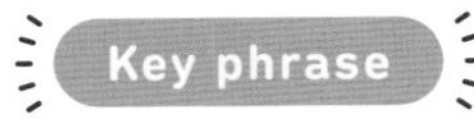

split the bill

割り勘する

お会計の時に知っておくと便利なフレーズです。会計の際には、Can we have separate checks, please?(会計は別々にお願いします。)と店員さんにお願いしてみてもいいでしょう。相手にごちそうしたい時は I got this.（ここは私が。）などのフレーズで伝えましょう。

It's 4,000 yen so we'll split the bill for 2,000 yen each.
お会計4000円だから2000円ずつ割り勘ね。

It's my treat here.
ここは私がごちそうするよ。

Wow, are you sure? Thank you so much.
わぁいいの？　じゃあお言葉に甘えて。

I got this. Next time we will go Dutch.
まかせて。次からはきっちり割り勘するからね～。

go Dutch は「自分の分だけ払う」、「きっちり割り勘する」というイディオムです。

関連ワード

go Dutch（割り勘）

on the house（お店からのサービス・おごり）

on me/my treat（私のおごり）

I got this.（ここは私が）

▶「お言葉に甘えて」は英語で何て言う?

「お言葉に甘えて」をそのまま英訳できるフレーズは存在しませんが、フォーマルな場面で使える If you insist（そこまで言うなら〈お言葉に甘えます〉）などが近い表現です。多くの場合は Thank you! や I appreciate it.（感謝します）と率直に明るく感謝します。

5-14

時間通りに物事が進む

We arrived at the airport **on time.**

予定の時間通りに空港に着いたね。

Tidbits!

交通機関がpunctual(時間に正確)で有名な日本。欧米の交通機関も予定時刻に到着することが増えてきたけれど、時には大幅に遅れることも。乗り換えが必要な時は時間に余裕を持った計画を。

Key phrase

on time

時間通りに

「時間通りに」よりもさらに「時間ぴったり」を表現したい時は、right を加えて You've arrived right on time.（時間通りに到着したね。）のように使います。似た表現には、We need to leave the house at 11 o'clock sharp.（11時きっかりに家を出るよ。）などもあります。

Let's try!

We'll meet tomorrow at 10am. Be right on time, okay?
明日は午前10時集合で。ちゃんと時間通りに来てよ？

Don't worry, I'm never late.
大丈夫だよ。僕、遅刻なんかしないよ？

I'm not sure about that. You often oversleep.
心配だなぁ。よく寝坊するからさ。

Hold on, I'm known to be the "five minutes early" guy.
おいおい、僕はいつだって「5分前行動」の男だよ？

hold on は「ちょっと待ったー！」とツッコミを入れたい時にも使えます。

関連ワード

- right on time（時間通り）
- ~ o'clock sharp（〜時きっかり）
- ~ on the dot（〜時ちょうど）
- early（早い）
- late（遅れている）
- made it（到着する）*arrive の崩した言い方
- punctual（時間に正確な・几帳面な）
- not sure about that（それはどうかな・心配だなぁ）
- hold on（ちょっと待って）
- wait（待って）

単体で使うと命令口調になってしまうので、上司や目上の人に使うのは避けておこう。

5-15

喜んで引き受ける

That sounds fantastic!
I'd love to!

それ、サイコーじゃん！　喜んで！

How about traveling to Easter Island next?
次はイースター島に旅行に行かない？

Tidbits!

旅行時のトラブルには doesn't work. も覚えておくと便利。The credit card doesn't work.（クレジットカードが使えないみたい。）、The shower doesn't work.（シャワーが壊れています。）のように使うよ。

Key phrase

I'd love to.

喜んで。

覚えやすく、誰にでも使うことができるフレーズ。ビジネスの場ではWith pleasure. や Of course. と言い換えてもOK。カジュアルな表現では Why not? でも。これは「なぜダメなの？」の意味ではなく、「断る理由もないからもちろん、いいさ！」という文脈で使われます。

Let's try!

Would you give a speech when I have my wedding?
私が結婚式する時にはスピーチしてくれる？

I'd love to! I'm getting nervous now.
わぁ、喜んで！　いまから緊張しちゃうなぁ。

Don't tell them any weird stories, okay?
あまりヘンな話バラさないでよ？

Don't worry, I'll keep it a secret that you're a big eater!
君がとても食いしん坊なことはヒミツにしておくから大丈夫！

keep it a secret ～ で「～を秘密にしておく」というフレーズになります。

関連ワード

doesn't work（使えない・故障している）

I'd be happy to.（ええ、喜んで）

With pleasure.
（喜んで・かしこまりました）

You bet.（もちろんさ）

Why not?（いいよ！）

weird（変な）

big eater（食いしん坊）

foodie（食通・美食家）

比較的新しい単語。以前は gourmet がよく使われていました。

Just between us ~（ここだけの話、～）

Column 5

この5フレーズで乗り切ろう！

「道案内の英会話フレーズは比較的何度も学んできたつもりなんだけど、いざ話しかけられると自信がない…」という人も多いはず。ここでは、そんな時に何とか乗り切れるお守り的な5フレーズをご紹介。簡単なフレーズばかりなので、ぜひここで覚えておこう。

フレーズ 1 I can show you.（一緒に行きましょう・こちらです）

→ 自分も同じ方向だから一緒に行ける時や、「すぐ近くにあるから連れて行けるよ」という意味で使われます。

フレーズ 2 Go towards ○○.（○○に向かって行ってください）

→ 細かい道案内はできないけれど方角や目印がある時はこちらのフレーズが使えます。

フレーズ 3 You can ask ○○.（○○で教えてくれます）

→ 交番（police）や駅員（station staff）に代わりに教えてもらってほしい時はこちらのフレーズで誘導してみましょう。

フレーズ 4 You can take the ○○.（○○で行けます）

→ 「交通機関ですぐ行けますよ」と伝える時のフレーズ。○○○をバスの番号、電車の名前、タクシーなどに置き換えられる万能フレーズです。

フレーズ 5 I'm sorry, I don't know.（ごめんなさい、わかりません）

→ 本当にわからない時やパニックになりそうだったらこちらの一言で乗り切れます。さらに I'm not from here.（地元民ではないです）でフォローすることもできます。

Point! もし自分が道案内できなくても、地図や案内板、助けてくれる人がいる場所を紹介できればOK。There is an information board over there.（あちらに案内板があります）のように伝えてみよう。

おわりに

　最後まで読んでくださりありがとうございました。いかがでしたか？
「このフレーズ使ってみよう」「英語ではこう表現するのか」といった新たな発見が、あなたにとってひとつでも多くあったならうれしく思います。

　英語学習に何より大切なのは、楽しみながら続けることだと思います。
　忙しい毎日の中で勉強の時間をしっかり確保できる人ばかりではないでしょうから、1日5分からでも始めてみましょう。もちろん、興味のあるジャンルから入るのもいいですよね。
　洋楽の歌詞から表現を覚えるもよし、海外のSNS仲間とつながってみるのもよし。
「やっていて楽しい！」が学習の大きな原動力になるはずです。

　今回は、ナツメ社さんにお声がけいただき、初めて英会話の書籍のイラストを担当しました。
　楽しく学んでいただくために、登場キャラクターもぱんだやこあらのような親しみやすい子たちで構成したつもりです。英会話の内容と合わせて、キャラクターたちの織りなす愛すべき（?）日常にも笑ってもらえたらうれしいです。

　これからのあなたの英語学習がさらに人生を楽しく彩るものでありますように！

わかる

［監修者］ **大塚ジャスミン** OTSUKA JASMINE

英会話講師。カナダの大学を卒業後、2012年に来日。日本語能力試験1級（N1）を取得。現在は愛媛県松山市にて英会話教室「J's English」を運営。初心者から上級者まで幅広い指導をおこなっている。

［イラスト］ **わかる** WAKARU

イラストレーター。1991年生まれ。ニコニコした顔をシンプルな線で表現したイラストが特徴。2015年ごろから活動を始め、広告、書籍、Web媒体へのイラストの提供をおこなう。著書に『感情を育てる じぶんのきもち』（大泉書店）、『今日は早めに帰りたい』（KADOKAWA）、『疲れたあなたをほめる本』（ポプラ社）がある。近年は展示を積極的におこない、ロンドン、スペイン、韓国など海外での展覧会も開催している。

［STAFF］

カバー・本文デザイン　田村 梓（ten-bin）
DTP　平田治久（NOVO）
編集協力　細田操子（NOVO）
編集担当　遠藤やよい（ナツメ出版企画株式会社）

本書に関するお問い合わせは、書名・発行日・該当ページを明記の上、
下記のいずれかの方法にてお送りください。電話でのお問い合わせはお受けしておりません。
・ナツメ社webサイトの問い合わせフォーム　https://www.natsume.co.jp/contact
・FAX（03-3291-1305）
・郵送（下記、ナツメ出版企画株式会社宛て）
なお、回答までに日にちをいただく場合があります。正誤のお問い合わせ以外の
書籍内容に関する解説・個別の相談は行っておりません。あらかじめご了承ください。

ナツメ社Webサイト
https://www.natsume.co.jp
書籍の最新情報（正誤情報を含む）は
ナツメ社Webサイトをご覧ください。

笑えるのになんだか身につく
ゆかいな英会話

2024年2月5日　初版発行

監修者　大塚ジャスミン　Otsuka Jasmine,2024
イラスト　わかる　©WAKARU,2024
発行者　田村正隆
発行所　株式会社ナツメ社
東京都千代田区神田神保町1-52　ナツメ社ビル1F（〒101-0051）
電話 03-3291-1257（代表）　FAX 03-3291-5761
振替 00130-1-58661
制　作　ナツメ出版企画株式会社
東京都千代田区神田神保町1-52　ナツメ社ビル3F（〒101-0051）
電話 03-3295-3921（代表）
印刷所　ラン印刷社

ISBN978-4-8163-7455-5
Printed in Japan